グローバル銀行業界の課題と展望

欧米アジアの大手銀行とビジネスモデルの行方

新形 敦 著

文眞堂

はしがき

　2008年9月15日，世界に激震が走ったリーマン・ショックの日，米国ニューヨークのマンハッタン・ミッドタウン地区にあるリーマン・ブラザーズ本社に隣接する高層オフィスビルで働いていた。その前の週から，リーマン本社周辺にテレビカメラを抱えたテレビ局のクルーが集まり始めるなど，どことなく不穏な空気が流れていた。しかし，直前の週末には，米国の住宅金融を支えるファニーメイ，フレディマックが米政府により救済されており，米国第4位の大手投資銀行であるリーマン・ブラザーズが，当局から何ら救済措置を講じられることなく破産申請を行ったのは，予想外の事態であった。

　グリーンスパン元連邦準備制度理事会（FRB；Federal Reserve Board）議長が「100年に一度」と評したように，リーマン・ショックに伴うグローバル金融危機の影響は甚大であり，その後もユーロ危機に波及するなど世界を震撼させ，グローバル金融市場や金融機関経営に大打撃を与えることになった。今般の金融危機は，リーマン・ショックから7年が経過した現在においても，欧米を中心とする大手銀行の経営に大きな制約を課し続けている。今から振り返れば，リーマン・ショックは，それまでの金融自由化の推進というグローバルな潮流の「終わりの始まり」であった。

　欧米大手銀行の経営分析を行うようになったきっかけは，2003年から日系シンクタンクのニューヨーク駐在エコノミストとして米国経済調査を行うなか，決算の度に増収増益を続けるなど，当時絶好調であった欧米大手銀行の経営動向について，東京本社から調査依頼を受けたことにあった。

　結果的に，ニューヨーク駐在期間中，2000年代前半のクレジット・ブームの発生から2008年のリーマン・ショックに至るブームの終焉まで，一連の出来事を現地でリアルタイムに観察することができた。さらに，2009年に帰国した後も，欧米に加えてアジアへの現地出張を織り交ぜつつ，欧米ならびにア

ジアの大手銀行の経営動向を具にフォローしてきた。2000年代初頭からグローバル大手銀行の動向を継続的に定点観測してきたことは，今般の金融危機を時系列かつ包括的に理解することに大いに役立った。

この度のグローバル金融危機を引き起こした原因は何であったのか，そして甚大な危機に見舞われた世界の大手銀行は今後どの様にビジネスモデルを再構築していくのか，という点が本書を貫く問題意識である。

本書では，銀行と証券との業際規制緩和が本格的に進み始めた80年代から現在に至るまで，比較的長期間に亘る銀行行動の分析を通じて欧米大手銀行のビジネスモデルの行動原理を明らかにした上で，今後のグローバル銀行業界を展望している。

また，本書では，基本的に個々の銀行の財務データを積み上げて分析するミクロ・アプローチ的な手法をとっている。個別銀行の財務データを使って全体像を体系的に整理した書は必ずしも多くないと思われ，学術研究として独自性があるものに仕上がったのではないかと考えている。同時に，個別銀行の経営戦略や実際の業務運営といった定性的な分析は，机上調査ばかりでなく，国内外の金融機関で働く実務者や政策当局者との数多くの情報交換を土台にしたものである。本書で述べた内容は，実際に金融機関で働く実務者にとっても参考になるレベルに仕上がったのではないかと思っている。本書が，研究者と実務者双方にとって，多少なりとも有益な情報を提供することができれば，無上の喜びである。

「金融」を分析の中心に据えつつ，一連の経済的事象を客観的かつ体系的に分析することができたのは，ひとえに，東北大学経済学部ならびに同大学院経済学研究科在学時の恩師である，田中素香先生の指導のおかげである。田中先生には，学部・大学院時代のみならず，シンクタンク勤務後も様々な研究会に呼んでいただいたほか，先生の異動先である中央大学で取得した博士論文の執筆過程においても，常に有益な指導を賜ってきた。田中先生の指導がなければ，的確な問題意識を持って金融危機を分析することは決してできなかった。この場をお借りして，改めて厚く御礼申し上げたい。

また，本書で示した見解は筆者個人のものであり，筆者が所属する組織の見

解を代表するものではないが，日々の議論を通じて常に有益な示唆を与えてくれた勤務先であるシンクタンクの同僚，内外金融機関関係者，政策当局者，そして研究者の皆様にも大変感謝している。

　さらに，出版情勢が厳しいなか，本書の出版を快諾してくださった文眞堂の前野隆社長，編集部の前野弘太氏にも御礼申し上げたい。

　リーマン・ショックの後日談になるが，わずか数日後には，リーマン・ブラザーズ本社の象徴であった壁一面の電光スクリーンが，破綻後に同社を買収した英バークレイズのコーポレート・カラーである青一色に変わった。さらに，その週末には，電光スクリーンの少し上の壁に取り付けられていた重厚な「Lehman Brothers」の社名ロゴが，巨大なクレーン車を使って取り外されるシーンを目撃した。破綻後一週間も経たぬうちに本社ビルの装いもドラスティックに変化する様を目撃し，グローバル銀行業界のダイナミックさに感嘆せざるを得なかった。

　2014年には，そのバークレイズも投資銀行部門の大幅縮小など大胆なリストラ策を発表し，本書を脱稿する間際の2015年には，欧州銀行の雄であるドイツ銀行も，投資銀行部門出身の共同CEOの退任と大幅なリストラ策を発表した。

　グローバル銀行業界の動きは極めてダイナミックであり，昨日の勝ち組がいつ負け組に転じるか分からない。今後も分析の種は尽きない。

2015年6月

新形　敦

目　　次

はしがき …………………………………………………………………… i

序章 …………………………………………………………………………… *1*

　1．本書の目的 ………………………………………………………… *1*
　2．本書の構成と分析対象行の概要 ………………………………… *3*

第1章　グローバル・ユニバーサルバンク化した欧米大手銀行 …… *6*

　1．1980年代以降の金融自由化 ……………………………………… *6*
　2．実体経済の構造変化 ……………………………………………… *7*
　3．銀行経営への影響 ………………………………………………… *9*
　4．ユニバーサルバンク化 …………………………………………… *11*
　5．グローバル化 ……………………………………………………… *15*

**第2章　2000年代のクレジット・ブームとグローバル・
　　　　　ユニバーサルバンク** ………………………………………… *17*

　1．ブラックマンデーからITバブル崩壊まで …………………… *17*
　2．クレジット・ブームの発生 ……………………………………… *20*
　3．住宅市場とクレジット・ブーム ………………………………… *22*
　4．投資銀行業務における主従逆転 ………………………………… *27*
　5．主従逆転の要因 …………………………………………………… *30*
　　⑴　プライマリー業務の収益性低下 …………………………… *31*
　　⑵　流通市場の発展 ……………………………………………… *32*
　　⑶　家計部門の金融資産の蓄積と機関投資家の運用資産の拡大 ……… *34*

6．クレジット・ブームにおけるグローバル・ユニバーサルバンクの
　　　役割 ………………………………………………………………………… 38

第3章　グローバル・ユニバーサルバンクから21世紀型OTD
　　　　モデルへの変質 ……………………………………………………… 44

　1．21世紀型OTDモデルの定義 ………………………………………… 44
　2．トレーディング至上主義（投資銀行業務とリテール業務との有機的
　　　結合）……………………………………………………………………… 46
　3．負債構造の脆弱化 ……………………………………………………… 48
　4．シャドーバンキングとの取引関係の複雑化………………………… 49
　5．21世紀型OTDモデルの下でのグローバル・ネットワーク ……… 51

第4章　21世紀を揺るがせた金融危機
　　　　――サブプライム危機とユーロ危機―― …………………………… 53

　1．サブプライム・ローンとは …………………………………………… 53
　2．サブプライム危機の顕在化 …………………………………………… 54
　3．グローバル金融危機へ ………………………………………………… 56
　4．サブプライム危機の本質 ……………………………………………… 58
　　（1）　トレーディング業務依存型モデルの限界……………………… 59
　　（2）　負債構造の脆弱化 ………………………………………………… 60
　　（3）　シャドーバンキングとの複雑な取引関係……………………… 60
　　（4）　グローバル化の課題 ……………………………………………… 61
　5．2000年代までの金融危機との違い…………………………………… 62
　6．ユーロ危機への連鎖 …………………………………………………… 64
　7．ユーロ圏に連鎖した要因 ……………………………………………… 67
　8．ユーロ危機の本質 ……………………………………………………… 71

第5章　新たなゲームのルールの下での欧米大手銀行の行方 …… 74

　1．欧米大手銀行の問題点 ………………………………………………… 74

2．金融規制の内容……………………………………………………… 75
　3．金融規制の整理……………………………………………………… 76
　　(1) トレーディング収益依存型モデルの修正………………………… 77
　　(2) 資金調達構造の変化 ……………………………………………… 79
　　(3) 取引の透明性向上 ………………………………………………… 79
　　(4) その他 ……………………………………………………………… 80
　4．金融規制が銀行行動に与える影響………………………………… 80
　5．ポスト金融危機における新たなゲームのルール ………………… 82
　　(1) 循環的要因 ………………………………………………………… 82
　　(2) 構造的要因 ………………………………………………………… 84
　6．金融規制強化に向けた欧米大手銀行の対応……………………… 86
　　(1) トレーディング業務への影響 …………………………………… 86
　　(2) 資金調達構造への影響 …………………………………………… 88
　　(3) OTCデリバティブ取引への影響 ………………………………… 89
　7．ビジネスモデルの見直しと再構築のプロセス …………………… 89
　　(1) 「精査」のプロセス ……………………………………………… 90
　　(2) 「組み合わせ」のプロセス ……………………………………… 92
　8．経営戦略の分化……………………………………………………… 95
　9．欧米間格差の背景…………………………………………………… 98
　10．それぞれのモデルの展望と課題 ………………………………… 101
　11．投資銀行業務の展望 ……………………………………………… 103
　　(1) トレーディング業務の収益水準 ………………………………… 103
　　(2) 取引量確保に向けたモデル ……………………………………… 104

第6章　台頭するアジアの大手銀行……………………………… 106

　1．アジアの大手銀行 ………………………………………………… 106
　2．アジアにおける銀行業務 ………………………………………… 107
　　(1) 中国市場 …………………………………………………………… 107
　　(2) アジア市場（中国除く）………………………………………… 108

3．アジアの金融市場と投資銀行業務 ··· 113
　4．アジアの大手銀行の課題 ··· 116

第7章　グローバル銀行業界の展望 ·· 118
　1．今後の収益機会 ··· 118
　2．シャドーバンキングの台頭 ·· 119
　3．銀行とシャドーバンキングとの関係 ·· 121
　4．シャドーバンキング規制 ··· 122
　5．金融システムの安定性 ·· 123

おわりに ·· 124
参考文献 ·· 126

補論（参考資料）　個別銀行の概要 ··· 131
　1．米銀 ··· 131
　　(1) JPモルガン・チェース ··· 131
　　(2) バンク・オブ・アメリカ ·· 132
　　(3) シティグループ ·· 133
　　(4) ゴールドマン・サックス ·· 135
　　(5) モルガン・スタンレー ··· 136
　2．欧州銀行 ··· 138
　　(1) ドイツ銀行 ··· 138
　　(2) UBS ·· 139
　　(3) クレディ・スイス ··· 140
　　(4) BNPパリバ ·· 142
　　(5) クレディ・アグリコル ··· 143
　　(6) ソシエテ・ジェネラル ··· 144
　3．英銀 ··· 145
　　(1) バークレイズ ··· 145

(2)　ロイヤル・バンク・オブ・スコットランド（RBS）……………… *146*
4．アジアの大手銀行 …………………………………………………… *148*
　(1)　HSBC ………………………………………………………………… *148*
　(2)　スタンダード・チャータード ……………………………………… *149*
　(3)　DBS …………………………………………………………………… *150*
　(4)　オーバーシーズ・チャイニーズ・バンク（OCBC）……………… *152*
　(5)　ユナイテッド・オーバーシーズ・バンク（UOB）………………… *153*
　(6)　マラヤン・バンキング（メイバンク）…………………………… *154*
　(7)　CIMB ………………………………………………………………… *155*
　(8)　オーストラリア・ニュージーランド銀行（ANZ）……………… *156*

索引 ……………………………………………………………………………… *158*

序章

1. 本書の目的

　本書の目的は，第一に，2000年代後半，サブプライム危機とユーロ危機という連続して発生したグローバル金融危機の原因が，1980年代以来の銀行と証券の業際規制緩和という金融自由化の進展のなかで形成された「グローバル・ユニバーサルバンク」という欧米大手銀行のビジネスモデルが，2000年代に「変質」したことにあったことを明らかにすることにある。そして，第二に，金融規制の強化というポスト金融危機における新たな環境下での，欧米大手銀行やアジア大手銀行を中心とする，グローバル銀行業界の将来の姿を展望することにある。

　本書では，サブプライム危機とユーロ危機という，21世紀のグローバル金融危機の原因が，それまでの欧米大手銀行のビジネスモデルにあったとの立場から議論を展開している。ビジネスモデルに着目した理由は，第一に，グローバル金融危機においては，欧米大手銀行こそがグローバル金融市場を大混乱に陥らせた当事者であり，ビジネスのやり方に問題があったと考えざるを得ないこと，第二に，金融危機後，欧米大手銀行のビジネス慣行を問題視する論調が多々あるものの，問題の本質の所在については，必ずしもコンセンサスが確立されていないと考えられるためである。

　欧米大手銀行のビジネスモデルの問題点は，2000年代の米国を中心としたクレジット・ブームのなかで，80年代の金融自由化以来，欧米大手銀行が追及してきた，グローバル・ユニバーサルバンクが変質し，証券流通市場において機関投資家などとの証券売買を行うトレーディング業務を過度に重視するビジネスモデルに転換したことにある。本書では，このようなグローバル・ユ

ニバーサルバンクの変化形を,「21世紀型オリジネート・トゥー・ディストリビュート（OTD；Originate-to-Distribute）モデル」と名付けている。

　21世紀型OTDモデルの特徴は，①トレーディング収益増大に向けた過度の傾注，②バランスシート肥大化に伴う資金調達構造の脆弱化，③ヘッジファンドなどシャドーバンキング（ノンバンク）との資産・負債両面での複雑な取引の形成，にある。

　21世紀型OTDモデルの下では，クレジット・ブームの拡大局面においては収益拡大が継続したものの，米国の住宅価格下落を契機とした縮小局面においては歯車が逆回転した。すなわち，トレーディング業務での大幅損失計上から金融市場が機能不全になるなか，シャドーバンキングとの複雑な取引関係は資金調達を一層困難化させた。

　サブプライム危機の本質は，21世紀型OTDモデルを維持するために，信用リスクの高いサブプライム・ローンを使用したことにある。債務担保証券（CDO；Collateralized Debt Obligation）やクレジット・デフォルト・スワップ（CDS；Credit Default Swap）といった金融技術を駆使したものの，原資産が持つ本源的リスクまでは消去できない。本源的リスクを消せない以上，トレーディング業務で収益を計上し続ける21世紀型OTDモデルは持続不可能であった。さらに，21世紀型OTDモデルは市場での安価な資金調達を前提にしており，低金利という市場環境にも依拠していたという点でも持続的成長は困難であった。そして，脆弱な負債構造と資金調達面でのシャドーバンキングへの依存という構造は，後のユーロ危機の要因にもなった。

　一方で，グローバル・ユニバーサルバンクというビジネスモデル自体は，実体経済の構造変化に則したものであり，必然の形態である。以下，本書では，金融危機前における欧米大手銀行の行動を振り返って問題点を明らかにした上で，1980年代以降の金融自由化からして一転して，金融規制が大幅に強化されるという「新たなゲームのルール」の下における，欧米アジアの大手銀行の姿を展望したい。

2. 本書の構成と分析対象行の概要

以下では，まずは第1章において，80年代以降の金融自由化のなかで形成された欧米大手銀行のビジネスモデルを整理する。

第2章では，2000年代の米国のクレジット・ブームと，そのなかで欧米大手銀行が果たした役割を整理する。

続く第3章において，80年代以来，欧米大手銀行が追及してきたビジネスモデルが21世紀型OTDモデルとして結実したことを示す。

第4章では，サブプライム危機，ユーロ危機という，21世紀の世界を震撼させた2つの金融危機の経緯と本質を明らかにする。

さらに，第5章では，ポスト金融危機における金融規制強化という「新たなゲームのルール」の下での欧米大手銀行のビジネスモデルを考察する。

一方，第6章では，金融危機後も成長を続けるアジアの大手行のビジネスモデルを分析する。

そして，最後の第7章において，ポスト金融危機におけるグローバル銀行業界の将来を展望する。

なお，本書で主に分析対象とする欧米大手銀行は，下記の，米銀5行，欧州銀行6行，英銀2行，である。

詳しくは巻末の補論に記述してあるが，ここでは簡単に概要を述べておくと，2014年末時点の総資産規模では，米銀最大手はJPモルガン・チェースで約2.6兆ドル，大陸欧州ではフランスのBNPパリバで約2.5兆ドル，英国ではバークレイズで約2.1兆ドルである（HSBCを英銀にカウントすれば，最大手は同行で総資産規模は約2.6兆ドル（世界最大））。いずれも，商業銀行業務と投資銀行業務をともに営むユニバーサルバンクであることも共通している。

大きな違いとしては，JPモルガン・チェースの預金が総資産の半分超の1.4兆ドルあるのに対し，BNPパリバは0.8兆ドル，バークレイズは0.7兆ドルと総資産の1/3弱にとどまっていることが指摘できる。欧州銀行や英銀における総資産対比での預金の少なさは，後に本書で述べるように，金融危機を経た後

図表序-1 本書の分析対象行の主要財務指標

本書の分類	本店所在国	銀行名	総資産（億ドル）	貸出（億ドル）	預金（億ドル）	純利益（億ドル）	時価総額（億ドル）	格付
米銀	米国	JPモルガン・チェース	25,731	7,573	13,634	218	2,325	A neg
	米国	バンク・オブ・アメリカ	21,045	8,942	11,189	48	1,881	A- neg
	米国	シティグループ	18,425	6,731	8,993	73	1,636	A- neg
	米国	ゴールドマン・サックス	8,562	1,234	2,899	85	834	A- neg
	米国	モルガン・スタンレー	8,015	1,157	3,146	35	757	A- neg
欧州銀行	ドイツ	ドイツ銀行	20,675	4,971	6,448	22	417	A-
	スイス	UBS	10,688	3,186	4,135	38	636	A neg
	スイス	クレディ・スイス	9,271	2,750	3,713	21	404	BBB+
	フランス	BNPパリバ	25,141	8,252	7,706	2	762	A+ neg
	フランス	クレディ・アグリコル	19,228	3,937	5,619	31	335	A neg
	フランス	ソシエテ・ジェネラル	15,829	4,490	3,966	36	332	A neg
英銀	英国	バークレイズ	21,158	6,750	6,664	-3	626	BBB
	英国	RBS	16,372	5,480	5,520	-46	698	BBB-
アジア大手銀行	英国	HSBC	26,341	9,870	13,506	137	1,822	A
	英国	スタンダード・チャータード	7,259	2,772	3,990	26	371	A-
	シンガポール	DBS	3,327	2,107	2,394	32	384	AA-
	シンガポール	OCBC	3,029	1,584	1,853	30	315	AA-
	シンガポール	UOB	2,316	1,505	1,765	26	297	AA-
	マレーシア	メイバンク	1,829	1,169	1,255	21	244	A-
	マレーシア	CIMB	1,183	756	806	9	134	BBB-
	オーストラリア	ANZ	6,747	4,574	4,312	67	745	AA-
〈参考〉邦銀	日本	三菱UFJ	23,296	9,191	13,816	98	777	A
	日本	みずほ	16,355	6,222	9,591	69	413	A neg
	日本	三井住友	14,661	6,264	9,354	83	499	A neg

(注) 1 総資産、貸出、預金、時価総額は2014年末（ANZのみ、豪14年9月末））。
2 純利益は、14年暦年。ANZは豪14年度（13年10月－14年9月期）、邦銀は13年度（13年4月－14年3月）。
3 格付は、2015年4月時点（S&P、長期自国通貨建て格付）。
4 格付の「neg」は、「ネガティブ（引き下げ）見通し」を表す。
(資料) Bloombergより作成。

に欧米間で体力格差が生じた要因のひとつとなっている。実際，図表から明らかなように，利益水準や時価総額も，概して欧州銀行は相対的に低位にとどまっている。

第1章
グローバル・ユニバーサルバンク化した欧米大手銀行

1. 1980年代以降の金融自由化

　米国，英国，ドイツ，フランスなどの欧米主要国では，1970年代に金利自由化がほぼ完了し，80年代以降は，銀行（商業銀行）と証券（投資銀行）の業際規制の緩和という形での金融自由化が本格化し始めた。

　米国では，大恐慌後の33年に成立したグラス・スティーガル法により，銀行と証券の兼業は原則禁止されてきた[1]。しかし，同法成立後約50年を経た80年代に入ると，法解釈の変更を通じて，銀行による証券業務への漸進的な参入が開始されることになる。すなわち，グラス・スティーガル法で銀行が禁止される行為として，「銀行本体での証券業務」に加えて，銀行が「証券引受業務等を主たる業務とする会社と系列関係を持つこと[2]」があり，従来この条項を根拠に，米国では銀行と証券の兼業が禁止されてきた。しかし，80年代に入ると，FRBなどの米監督当局は，「証券引受等の業務を主たる業務にしない」範囲であれば，銀行は傘下に証券子会社を保有することができるとして，銀行の証券子会社を通じた証券業務への参入を漸進的に許容し始めた。

　86年，FRBは，銀行グループ全体の収入に占める証券業務の割合が5％以内であれば，グラス・スティーガル法に抵触しないとの解釈を示した。証券業務の収入限度額は，89年には10％とされるなど，その後漸進的に引き上げられ，96年には25％とすることが決定された。最終的には99年のグラム・リーチ・ブライリー（GLB；Gramm-Leach-Bliley）法の成立により，銀行と証券

間の業際規制の撤廃が完了することになる[3]。

　一方，欧州では，従来から銀行本体で証券や保険等の金融業務を営むことが可能なユニバーサルバンク制度が採用されており，銀行と証券の兼業は認められてきた。ただし，例えば，英国では，貸出業務主体の商業銀行と，証券引受やM&A仲介などを得意とするマーチャント・バンクとの間では，業務の棲み分けがなされていた[4]。また，ドイツやフランスでは，国内市場は依然間接金融中心だった[5]。このため，両国の商業銀行は，証券業務への本格参入にはさほど熱心ではなかった。

　しかし，86年の英国の「金融ビックバン」を契機に，欧州においても，銀行による証券業務への参入が活発化することになる。金融ビックバンとは，英国の証券取引所改革の通称であるが，具体的には，①証券取引手数料の自由化，②ブローカー（証券の売買仲介のみ行う業者）とジョバー（証券の自己勘定取引を行う業者）の兼業容認，③取引所会員への外部資本出資の制限撤廃，が行われた。とりわけ，取引所会員が外部資本にも開放されたことがきっかけとなり，商業銀行による証券業務への参入が続いた。さらには，大陸欧州諸国にとっても，英国でのビジネス・チャンスが拡大したことから，英国のマーチャント・バンクの買収を通じた投資銀行業務の強化が行われることになった。この時期進行していたEU金融統合の動きも，EU域内での業務拡大を後押しした。

　このように，80年代に入ると，欧米諸国において銀行と証券の業際の垣根が低下し，欧米大手銀行は，銀行と証券の双方を有する「ユニバーサルバンク」を目指すことになる[6]。80年代以降の業際規制緩和という金融自由化を契機に，2000年代後半のグローバル金融危機に至る欧米大手銀行のビジネスモデルが形成される動きが始まった。

2. 実体経済の構造変化

　欧米大手銀行が投資銀行業務を強化した背景には，単に金融自由化の結果というばかりでなく，企業部門の資金調達構造の変化という実体経済の構造変化

図表 1-1 各国の借入比率

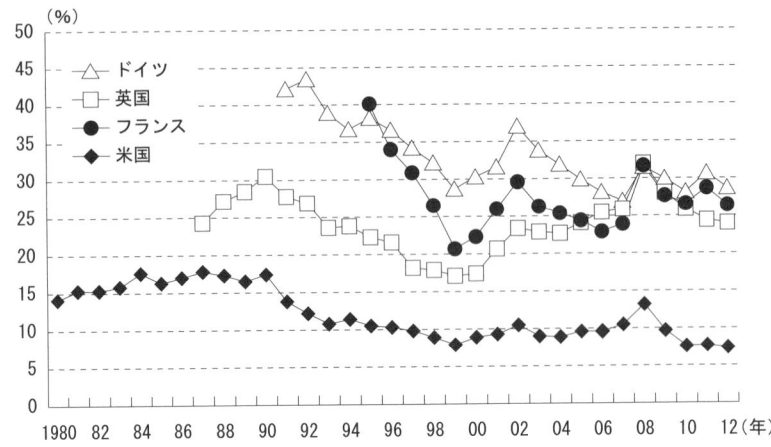

(注) 非金融部門の総負債に対する借入の比率。
(資料) Federal Reserve Board, "Flow of Funds,"; Eurostat, "European Sector Accoounts" より作成。

が影響している。むしろ，実体経済の構造変化が金融自由化を促したという側面が大きい。

　主要国の企業部門の資金調達の状況をみると，80年代以降，銀行からの借入比率は趨勢的に低下している。直接市場の発展から，大企業を中心に，借入ではなく証券発行を通じた資金調達の割合が増加しているためである（図表1-1）。

　米国の場合，企業部門の資金調達に占める借入金の比率は元々低いものの，80年代の20％程度から，2000年代初頭にかけて10％前後に半減している。英国では，90年代初頭は30％程度だったのが，2000年代初頭には20％程度に低下している。また，英米などに比べて借入比率が高いドイツやフランスについても，90年代初頭の40％程度から，2000年代初頭にはドイツは30％程度，フランスは20％程度にまでに低下している。

3. 銀行経営への影響

　このような企業部門の資金調達構造の変化は，直接的影響として，伝統的な預貸業務の収益性低下を通じて，大手商業銀行による投資銀行業務への参入を進めることになった。さらには，間接的影響として，大企業が銀行借入依存度を低下させるなか，市場から直接資金を調達することが困難な個人や中小企業を対象とするリテール業務への進出を後押しすることになった。

　ここで，欧米大手銀行が行っている業務を，「対象顧客」と「業務内容」という2つの軸により整理しておきたい。まずは「顧客軸」として，① 個人向けのリテール業務[7]，② 企業向けの法人業務，そして「業務軸」として，③ 預金受入・貸出や決済などの銀行業務，④ 証券引受や証券売買などの証券業務とで区分する。80年代に始まる業際規制緩和以前は，大きくは，顧客軸ではリテール業務と法人業務，そして業務軸では銀行業務と証券業務との間に，業際規制や暗黙の棲み分けが存在していた（図表1-2）。

　すなわち，銀行業務のうち，主に法人業務を行うのが商業銀行，リテール業務を行うのが貯蓄金融機関や中堅中小銀行などの中小金融機関，証券業務のうち，主に法人業務を行うのが投資銀行，リテール業務を行うのがリテール証券

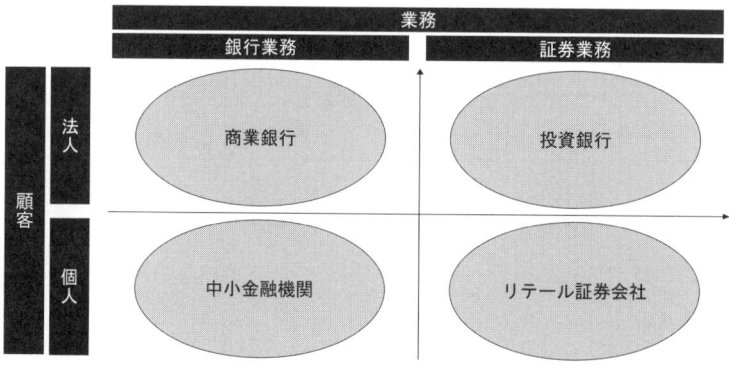

図表1-2　業態毎の棲み分け（概念図）

（資料）筆者作成。

会社，という構図である。

米国の場合，法人業務中心の大手商業銀行，リテール業務中心の貯蓄貸付組合（S&L；Savings and Loan Association）や貯蓄銀行など貯蓄金融機関，法人向け証券業務を行う投資銀行，個人向け投信販売などリテール証券業務を行うリテール証券会社，で棲み分けがなされていた。

また，英国の場合，法人業務中心の商業銀行，リテール業務中心の住宅金融組合（Building Societies），法人向け証券業務を行うマーチャント・バンク，その他証券会社，に区分されていた。

そして，ドイツの場合，法人業務中心の商業銀行，リテール業務中心の州立銀行（Landesbanken）や貯蓄銀行（Sparkassen），証券業務を専門に行う証券会社に分かれていた。

同様に，フランスの場合，法人業務中心の商業銀行，リテール業務中心の相互・協同組合銀行，証券業務を専門に行う証券会社という具合である。

このうち，80年代を通じて最も収益性低下圧力を受けていたのが，法人業務を中心とする商業銀行であった。商業銀行の金利収入の源泉である純金利

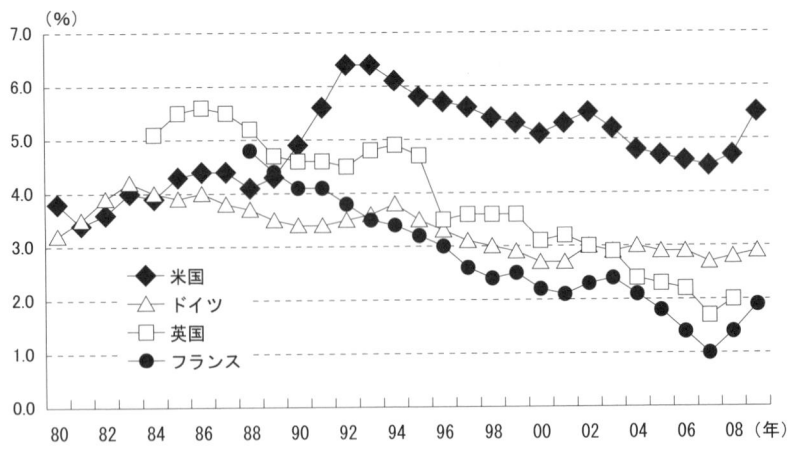

図表1-3　純金利マージンの推移

（注）1　純金利マージン＝純金利収入／総貸出。
　　　2　英国は大手商業銀行ベース，その他は全銀行ベース。
（資料）OECD, "Banking Statistics" より作成。

マージン[8]は，大企業を中心に資本市場での証券発行を通じた資金調達が増加するのに伴い，低下傾向が続いている（図表1-3）。

　米国の純金利マージンは，80年代後半から90年代前半にかけて，当時のS&L危機に対応したFRBの低金利政策の維持に伴い，例外的に，6％以上にまで高まったものの，92年をピークに2007年まで低下傾向が継続した。他方，英国，ドイツ，フランスでは80年代以降低下傾向が続き，特に英国やフランスでは，80年代半ばの5～6％程度から90年代後半には2％程度と半減以下となっており，サブプライム危機が顕在化する2007年まで低下し続けた。

　さらに，商業銀行の主な資金調達手段である預金についても，米国では，証券会社が提供する預金類似商品で，インターバンク市場やコマーシャル・ペーパー（CP；Commercial Paper）等で短期資金の運用を行うマネー・マーケット・ファンド（MMF；Money Market Fund）が普及し，銀行預金と競合するようになっていた。また，欧州では，保険や年金が銀行預金の代替商品として次第にシェアを高めていた。

4. ユニバーサルバンク化

　欧米大手銀行は，法人向け貸出業務と預金業務という「レゾンデートル」が次第に侵食されるなか，新たな業務領域として，まずは投資銀行業務の強化を目指すようになる。

　米国では，GLB法成立以前の90年代後半までは，基本的に商業銀行が自らの証券子会社を強化するという形で投資銀行業務が拡充されていくことになる。

　87年，FRBは，シティコープ（現シティグループ），JPモルガン（現JPモルガン・チェース），チェース（同左），ケミカル（同左），マニュファクチャラーズ・ハノーバー（同左），バンカーズ・トラスト（98年ドイツ銀行が買収）等，当時の大手米銀の証券子会社に対して，住宅ローン担保証券（MBS；Mortgage-backed Securities）等の引受業務を認可した。その後も，FRBが定める証券業務の収入限度内で，大手米銀は漸進的に証券子会社の取扱業務を

12　第1章　グローバル・ユニバーサルバンク化した欧米大手銀行

図表1-4　欧米大手銀行による投資銀行の合併・買収事例

米国

(年)	シティ・グループ	JPモルガン・チェース	バンク・オブ・アメリカ	ベア・スターンズ	メリルリンチ	リーマン・ブラザーズ	ゴールドマン・サックス	モルガン・スタンレー
1988								
89								
95								
96								
97		シティ・トラベラーズ（ソロモン・スミス・バーニー）合併						
98								
99		チェース・マンハッタンが合併						銀行持株会社設立（銀行に業態転換）
2000								
03					メリルリンチ買収			
08				ベア・スターンズ買収		破綻　米バークレイズ（北米）、野村證券（北米以外）が買収		銀行持株会社設立（銀行に業態転換）

英国　ドイツ　フランス　スイス

(年)	バークレイズ	RBS	ドイツ銀行	コメルツ銀行	ドレスナー銀行	ソシエテ・ジェネラル	BNPパリバ	クレディ・アグリコル	UBS	クレディ・スイス
1988										クレディ・スイス ファースト・ボスト設立
89										
95		米グリニッチ・キャピタル買収（旧ナットウェスト）	英モルガン・グレンフェル買収						英S.G.ウォーバーグ買収（旧スイス銀行）	
96										
97			米バンカース・トラスト買収						米ディロン・リード買収（旧スイス銀行）	
99									UBS・スイス銀行合併	
2000		RBS-ナットウエスト合併			米ヴァッサースタイン・ペレラ買収		BNPパリバ合併	仏クレディ・リヨネ買収	米ペイン・ウェッバー買収	米ドナルドソン・ラフキン・ジェンレット買収
03										
08	米リーマン・ブラザーズ（北米）買収		独ドレスナー買収							

（資料）各行資料より作成。

拡大してきた。

　米国における銀行と証券の最初の大型合併事例は，98年の，シティコープと，大手投資銀行ソロモン・ブラザーズや大手証券ブローカレッジ会社スミス・バーニーを傘下に収めた米大手保険会社トラベラーズとの合併である[9]（図表1-4）。そして，GLB法成立後の2000年には，商業銀行のチェース・マンハッタンと法人専業銀行のJPモルガンが合併した。

　一方，欧州では，金融ビックバン後の英国のマーチャント・バンクや米国の投資銀行の買収を織り交ぜながら，投資銀行業務が強化されていった。

　ドイツ銀行は，89年に英名門マーチャント・バンクであるモルガン・グレンフェルを買収して欧州における投資銀行業務の基盤を固め，98年には法人業務に強みを持つ米バンカーズ・トラストを買収して米国に本格進出した。また，独ドレスナー銀行（現コメルツ銀行）は，95年に英マーチャント・バンクのクラインオート・ベンソンを買収した。スイスのUBSの前身行のひとつであるスイス銀行は，95年に英マーチャント・バンクのS.G.ウォーバーグ，97年には米投資銀行ディロン・リードを買収し，投資銀行業務をグローバルに拡大した。同じくスイスのクレディ・スイスは，88年に提携先の米投資銀行ファースト・ボストンを買収してクレディ・スイス・ファースト・ボストン（CSFB）を設立し，2000年には米投資銀行ドナルドソン・ラフキン・ジェンレットを買収している。

　さらに，欧米大手銀行は，従来は中小金融機関のプレゼンスが大きかったリテール業務にも次第に力を入れ始める。

　そもそも，リテール業務の金利は，法人業務に比べて高めである。米銀の事例を見ると，80年代前半は，大企業向け優遇金利であるプライム・レートと，個人向けのクレジットカード・ローンや消費者ローンの金利はいずれも10％代後半で大差はなかった（図表1-5）。しかし，プライム・レートが80年代を通じて一桁台にまで急速に低下した一方，クレジットカード・ローンや消費者ローンは10％台半ばまでしか低下していない。

　個人や中小企業は，通常，大企業のように資本市場経由で資金調達を行うことが困難であるため，資金を必要とする際には，基本的に借入に頼らざるを得

図表 1-5　主要金利の推移（米銀）

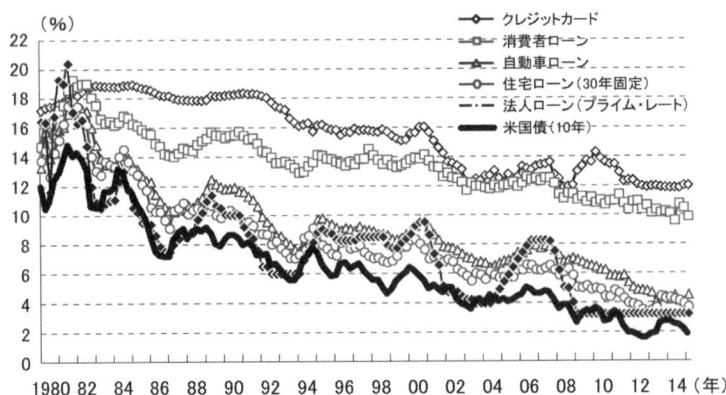

(注) 自動車ローン（48カ月，新車），消費者ローン（24カ月），クレジットカード・ローンは，商業銀行の金利。
(資料) Haver/Federal Reserve Board より作成。

ない。このため，銀行にとっては，法人向け貸出の利鞘低下分を補う新たな収益源となっている。

　米国では，80年代，S&L 危機から住宅金融の中心的役割を担っていた貯蓄金融機関が不良債権問題から大量倒産していた[10]。このため，商業銀行にとって，リテール業務への参入余地が拡大していた[11]。

　そもそも住宅ローンやクレジットカードは，「定型化商品（コモディティ商品）」であり，規模の経済が働くため，支店ネットワークが大きい大手銀行に有利に働く。80年代の米国では，大手銀行が持ち株会社を通じて州を越えた子会社形態にて支店ネットワークを拡大し，貯蓄金融機関を圧倒していった[12]。さらには，大手銀行は，クレジットカード業務も強化していくことになる。中小金融機関にとっては，自らクレジットカードを発行することは困難であり，規模が大きい大手銀行にとって有利な業務である。米国では，規模の経済を活かす形で，大手銀行によるリテール業務への参入が続いた。また，預金側では，米銀は，証券会社の MMF への対抗商品として，82年に短期金利に連動する MMDA（Money Market Deposit Account）[13] の提供が認可され，リテール証券会社に対抗していくことになる。

他方，80年代の欧州においては，92年のEU市場統合に向けた動きが金融分野でも進んでおり，80年代後半，金融機関の域内再編と歩調を併せる形で，クロスボーダーの形態での大手銀行によるリテール業務への参入が活発化した[14]。例えばこの時期，ドイツ銀行はスペインやイタリアなどの南欧諸国に積極的に進出し，それぞれ数百店舗を抱える広範なリテール・ネットワークを構築した。

このように，欧米諸国においては，80年代以降に大きく進展した金融自由化を契機に，法人向け貸出業務という本業における収益性低下に直面していた商業銀行が，まずは投資銀行業務，そしてリテール業務という順番で，結果的には「ユニバーサルバンク」を目指す形で業務拡大されていくことになった。

5. グローバル化

商業銀行による投資銀行業務とリテール業務の強化に関し，米銀は，リテール業務の強化は自国市場が巨大なため基本的に自国内で行われたが，法人業務においては，ユーロダラー市場のある英国ロンドンを中心に欧州に進出していた。

他方で，欧州銀行は，80年代進展していたEU金融統合の動きとも相まって，グローバルに強化，拡大されていくことになった。

欧州銀行が，とりわけ投資銀行業務を拡大していくなかで，地理的には英国そして米国を目指したケースが多いのは，英国は，伝統的にマーチャント・バンクと呼ばれる法人専業銀行が存在しており，欧州銀行にとって，投資銀行業務の強化に向け，地理的にも近く，米国ニューヨークのウォール・ストリートと並ぶ国際金融市場であるロンドンのシティを有する英国のマーチャント・バンクを買収するのが，業務強化に向けて効率的だったためである。当時英国で進んだ金融ビックバンも，外資系銀行による英銀の買収を後押しした[15]。ただし，英国を経由して最終的に米国を目指したのは，米国が投資銀行業務を行う上で世界最大の市場であるためである。これは，資本市場の規模や多様な投資家の存在という点からも明らかであり，現在までこの状況に変化はない。

このように，欧米大手銀行においては，金融自由化が進むなか，「ユニバーサルバンク」が「グローバル」に展開される，「グローバル・ユニバーサルバンク」化が進展した。

注

1　グラス・スティーガル法第16条で，銀行の証券業務の禁止（国債等を除く），同第20条で，銀行が証券の引受等を主たる業務とする会社と系列関係を持つことの禁止，同第21条で，証券会社の預金受入の禁止，同32条で，銀行と証券の引受等を主たる業務とする会社との間で取締役等を兼任することの禁止，が規定された。
2　グラス・スティーガル法第20条。この下で許可された銀行傘下の証券子会社は，法律条文番号から「セクション20証券子会社」と呼ばれる。
3　正確には，グラス・スティーガル法第20条と32条が廃止された。同第16条と同21条は引き続き残存しており，現在でも銀行本体での証券業務や証券会社の預金受入は禁止されている。
4　Casserley et al. (2009), p. 12.
5　太陽神戸三井（1991），166-167頁，177-178頁。
6　田中（2009）では，ユニバーサルバンクは欧州の伝統であり質的転換はなかったものの，国際的な投資銀行業務に米国の投資銀行をモデルとして新たに進出するという転換が開始されたと指摘されている（田中（2009），11-12頁）。
7　欧米銀行の「リテール業務」には，通常，個人に加えて中小企業取引も入るが，本書では簡便化のため，個人取引として取り扱う。
8　有利子資産に対する純金利収入（運用金利－調達金利）の比率を指す。
9　GLB法成立前に，成立を見込んで見切り発車で合併した。
10　S&Lが提供する住宅ローンは「長期，固定金利」が基本であるなか，70年代後半からの金利上昇局面において調達コストが拡大する一方，運用金利が一定だったため，経営が大きく悪化した。
11　中南米向け債権の焦げ付きに伴う累積債務問題もあり商工業向け貸出偏重の姿勢を改めるなかで，住宅ローンやクレジットカードなどリテール商品にも力を入れ始めたという背景もあった。
12　井村（2002），329頁。
13　銀行が提供する，市場金利連動型の普通預金。証券会社が提供するMMFへの対抗商品として位置付けられている。
14　岩田（1996），118-123頁。
15　英国銀行業界で外資系銀行が席巻する，いわゆる「ウィンブルドン現象」が生じた。

第2章
2000年代のクレジット・ブームとグローバル・ユニバーサルバンク

1. ブラックマンデーからITバブル崩壊まで

　サブプライム危機の舞台は米国であることから，ここでは，80年代から2000年代半ばの米国経済や金融市場の状況を確認しておきたい。

　米国では，87年にブラック・マンデーと呼ばれる株価暴落が発生した。さらに，貯蓄金融機関は，70年代後半から金利の逆鞘に伴い経営が悪化していたが，80年代後半には，今度は不動産市場の低迷から商業用不動産貸出が焦げ付き再び経営が深刻化していた。S&L危機と呼ばれる米国の貯蓄金融機関の危機は，90年代前半まで継続し，このようななかで，米銀（商業銀行）の業績も悪化した。米国の貯蓄金融機関全体の純利益（税引後利益）は，87年から90年まで4年連続で赤字を計上したが，商業銀行全体でも86年の約174億ドルから87年には28億ドルに急減した（図表2-1）。

　このようななか，グリーンスパンFRB議長は，89年2月は9.75％であった米国の政策金利であるフェデラル・ファンド（FF；Federall Funds）金利を，92年9月には3.00％になるまで段階的に切り下げ，さらに94年2月まで約1年半の間，3.00％のままで据え置いた（図表2-2）。FF金利据え置きの背景には，一定期間，長短金利差を維持することで金融機関に潤沢な金利収入を確保させ，銀行の経営体力回復から金融システムを健全化させるとの考えがあった。この結果，貯蓄金融機関全体の純利益は91年の約8億ドルから92年には約67億ドルにまで急回復し，その後も高水準で推移した。また，商業銀行全

18　第2章　2000年代のクレジット・ブームとグローバル・ユニバーサルバンク

体でも，91年の約179億ドルから92年には約320億ドルにほぼ倍増し，その後はサブプライム危機が顕在化する2007年まで，1年間の例外[1]を除いて前年比増益が継続するなど，米国の金融システムは，92年以降，再び健全な状態

図表2-1　米国の商業銀行と貯蓄金融機関の業績推移（純利益）

（資料）Federal Deposit Insurance Corporation, "Historical Statistics on Banking" より作成。

（注）目標金利。
（資料）Haver/Federal Reserve Board より作成。

に戻った。

　さらに，92年に誕生したクリントン政権において，ルービン財務長官の下で，80年代のレーガン政権以来，経常赤字とともに「双子の赤字」と呼ばれて膨張していた財政赤字の削減も進み，クリントン政権二期目の90年代後半には，米国はもはや景気循環が無くなり低インフレ下で高成長が長期間続くという「ニューエコノミー論[2]」が流行していた。ダウ平均株価は上昇を続け，マイクロソフト，インテル，ヤフーなどの情報通信（IT）株を中心にNASDAQ株価も急騰するなど，グリーンスパンFRB議長が「根拠なき熱狂[3]」と述べるまで株式市場は活況を呈した。ダウ平均株価は95年以降上昇ピッチを強め，95年初の3,834ドルから2000年1月には11,722ドルへと5年間で3倍以上となった（図表2-3）。また，同期間中，NASDAQ株価は，751ポイントから5,048ポイントへと，約7倍増となった。

　2000年3月，NASDAQ株が暴落してITバブルは崩壊し，2002年末から2003年初にかけては，米大手エネルギー商社エンロンや同大手通信会社ワールドコムの不正会計の発覚からダウ平均株価も急落した。しかし，2003年初にかけて7,000ドル台まで下落したダウ平均株価は，2003年後半以降は再び上

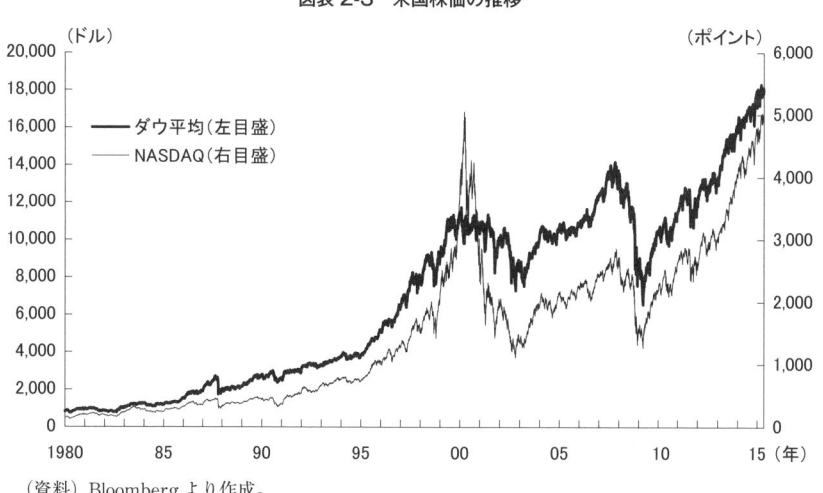

図表2-3　米国株価の推移

（資料）Bloombergより作成。

昇基調に転じ，2006年10月には12,000ドルの大台に乗っかるなど，米国は本格的なクレジット・ブームに突入していくことになった。

2. クレジット・ブームの発生

2000年代初頭の株価調整の後，米国が本格的なクレジット・ブームに突入した背景には，①FRBによる当時史上最低金利への利下げと，②金融技術の発展に伴う新たな金融商品の出現，があった。

2003年の不正会計問題に伴う株価急落直後の米国は，一時，消費者物価上昇率が前年比0％に接近するなど，デフレ懸念が台頭していた。2003年に任命されたばかりのバーナンキFRB理事（当時）のデフレ阻止に向けた手段を語ったスピーチ[4]が注目されたのもこの時期であった。このようななか，グリーンスパンFRB議長は2001年1月以来の利下げを継続し，2003年6月にはFF金利は当時史上最低の1.00％にまで低下した。この結果，株式市場は息を吹き返し，債券市場も活況となった。

加えて，この時期，金融技術の発展も債券市場の活況を支えた。米国の債券市場は，2000年代に入ると，国債や社債など通常の債券（プレーン・バニラ）ばかりでなく，複雑な証券化商品や，債券発行体のクレジット・リスクを売買する新たな金融商品の取引が活発になっていた。具体的には，サブプライム危機の際に問題となったCDOや，90年代にJPモルガンが開発したCDSと呼ばれるクレジット・デリバティブなどである。

CDOとは，住宅ローンやMBS，商業用不動産ローンや商業用不動産担保証券（CMBS；Commercial Mortgage Backed Securities），クレジットカード・ローン，企業向け貸出などを集めた上で，価格変動の相関が小さいものを組み合わせて証券化することでリスク低減を企図した証券化商品である。また，CDSとは，債券のデフォルト時に損失分を負担するという，債券発行体のクレジットを原資産とするデリバティブ商品であり，CDSの売り手は手数料収入が得られるともに，買い手はデフォルト時に元本の補填を得られる。CDSは，CDOの保証としてセットで売られることも多かったほか，CDS自体を集

2. クレジット・ブームの発生   21

図表 2-4 CDO の発行額

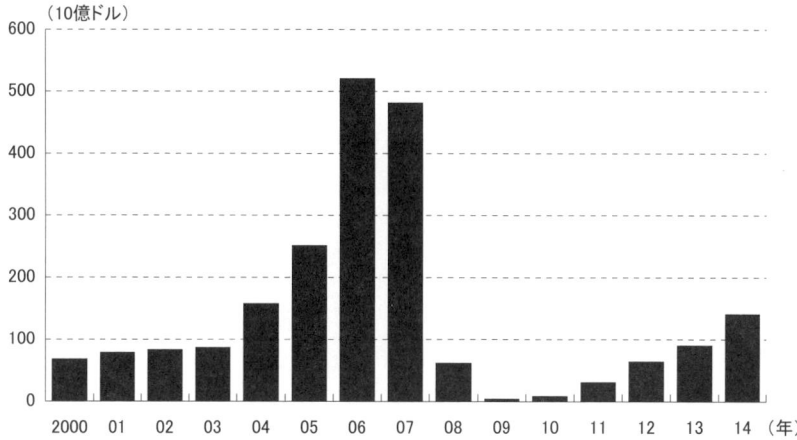

（資料）Securities Industry and Financial Markets Association (SIFMA), "Global CDO Issuance and Outstanding" より作成。

図表 2-5 CDS の発行額（想定元本ベース）

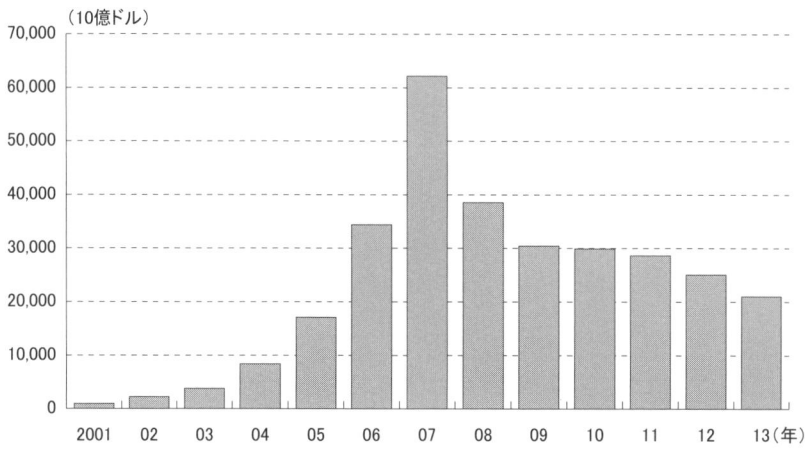

（注）2010 年までは ISDA、2011 年以降は BIS の発表値。
（資料）International Swap and Derivatives Association (ISDA), "Market Survey"; BIS, "Derivatives statistics" より作成。

めて証券化した,シンセティックCDOと呼ばれる商品まで登場するなど,証券化商品市場は活況を呈することになった。

CDOの発行額は,2003年に約866億ドルだったのが翌2004年には1,578億ドルに倍増し,さらに2006年のピークには5,206億ドルにまで急増した(図表2-4)。他方,CDSの想定元本は,2003年の約4兆ドルから翌2004年は8兆ドルに倍増し,2007年のピークには62兆ドルに急膨張した(図表2-5)。

3. 住宅市場とクレジット・ブーム

2000年代,米国では低金利を背景に住宅価格も上昇を続けた。米国の代表的な住宅価格指数であるS&P/ケース・シラー住宅価格指数(全米,2000年=100)をみると,住宅価格は,FRBがFF金利を1.00%にまで切り下げた2003年以降,上昇ペースを速め,2007年初のピークには180を上回るなど,2000年対比でほぼ倍に上昇した(図表2-6)。

そしてこの時期,債券市場で普及し始めたCDSや,これを駆使したCDOなどの新たな証券化商品は,最も伝統的なリテール商品である住宅ローン分野

図表2-6 米国住宅価格の推移

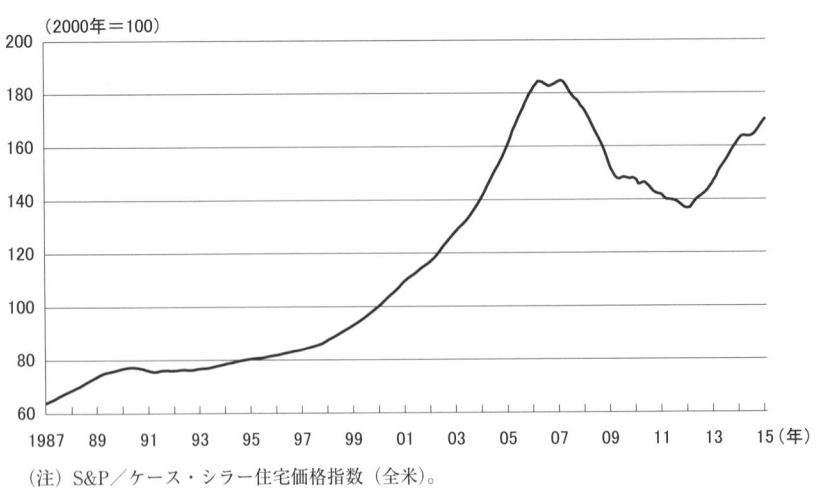

(注) S&P/ケース・シラー住宅価格指数(全米)。
(資料) Haverより作成。

にも応用され，米国の住宅ブームはさらに活況を呈することになる。米国の住宅ローン市場は，その市場の大きさから，米国におけるクレジット・ブームの牽引役を果たすことになった。

ここで，米国の住宅ローン市場の特徴について振り返っておきたい。米国の住宅ローン残高は，ピーク時の2007年には約11兆ドル[5]と，同年の米国の名目GDPの約14兆ドルとほぼ同等である。

さらに，組成されたローンの半分以上がMBSとして証券化されるなど，世界で最も証券化が進んだ市場のひとつである[6]。MBS残高は，2007年には9兆ドルに達するなど，同時期の米国債残高の約5兆ドルの倍の規模を有する巨大な市場である（図表2-7）。

米国で住宅ローンの証券化が進んだ背景には，政府が国民の持ち家率上昇を目的に，銀行や貯蓄金融機関などの住宅ローン組成者から住宅ローンを買い取り，これらに保証を付けて証券化する，政府支援機関（GSE；Government Sponsored Enterprises）と呼ばれる政府系住宅公社を設立し，政府主導で証

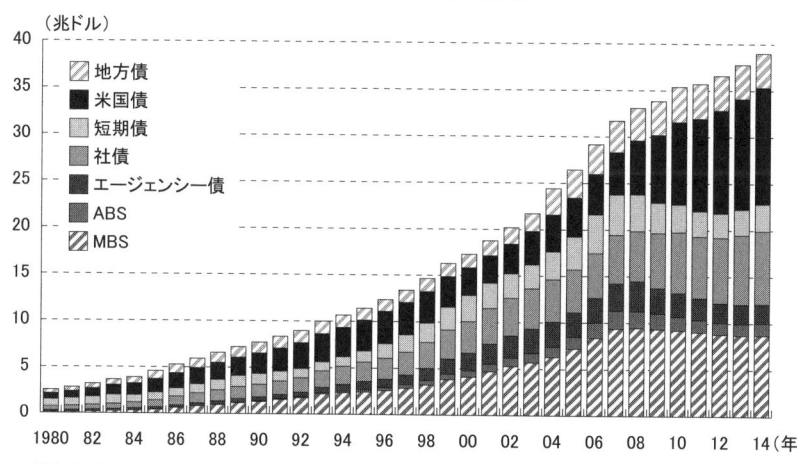

図表2-7 米国債券市場残高

(注) 短期債はCP等の短期証券，エージェンシー債はGSEが資金調達のために発行する債券，ABSはMBS以外の証券化商品，MBSはGSEと民間の合計。
(資料) Securities Industry and Financial Markets Association (SIFMA), "US Bond Market Issuance and Outstanding" より作成。

券化を促進させたことがある。GSE の歴史は古く，大恐慌後の 38 年には連邦住宅抵当公庫（ファニー・メイ（Fannie Mae；Federal National Mortgage Association）），70 年には連邦住宅金融抵当公庫（フレディ・マック（Freddie Mac；Federal Home Loan Mortgage Corporation））が設立されている。ファニー・メイは 68 年，フレディ・マックは 89 年に株式上場を通じて形式的には民営化された。しかし，両社は，米住宅市場の支援という設立趣旨や，様々な優遇措置[7]の存在から「暗黙の政府保証」があると見なされ，両社が組成した MBS は米国債と同等の高い信用力を誇るなど，住宅金融の中心的な存在であり続けている[8]。

ここで，GSE が証券化のために買取対象とする住宅ローンは，「コンフォーミング・ローン」と呼ばれ，貸出総額，クレジット・スコア[9]，ローン・トゥー・バリュー（LTV；Loan-to-Value）比率[10] などの面で保守的な買取基準がある。サブプライム危機で問題となるサブプライム・ローンは，通常銀行借入が困難な信用度の低い層向けの住宅ローンであり，GSE の買取基準は満たさない。サブプライム・ローンなど GSE の買取対象外の住宅ローンは，欧米大手銀行などの民間金融機関が購入し，民間 MBS として証券化していた。

2000 年代に米国で組成された住宅ローンがコンフォーミング・ローンだけであったならば，米国の住宅バブルの程度や価格下落の影響も実際よりずっと小さかった可能性がある。しかし，当時は，サブプライム・ローンや，信用度がプライム・ローンとサブプライム・ローンの中間的なオルト A ローン，貸出額が GSE 買取基準を超える高額物件向けの住宅ローンであるジャンボ・ローンなど，GSE 買取対象外の住宅ローンが急増していた（図表 2-8）。

サブプライム・ローンの組成額は，2001 年は約 980 億ドルとコンフォーミング・ローンの 9,149 億ドルの 1 割に過ぎなかったものの，ピークの 2006 年には 9,143 億ドルと，同年のコンフォーミング・ローンの 9,169 億ドルに肩を並べるまでに急増した。

この時期，サブプライム・ローンなど高リスクの住宅ローンが急増していた背景には，住宅価格上昇に伴い担保価値も増加していたことや，低金利下で投資家のリスク許容度が高まっていたということもあるが，金融技術の発展の結

3. 住宅市場とクレジット・ブーム　25

図表 2-8　米国住宅ローン組成額

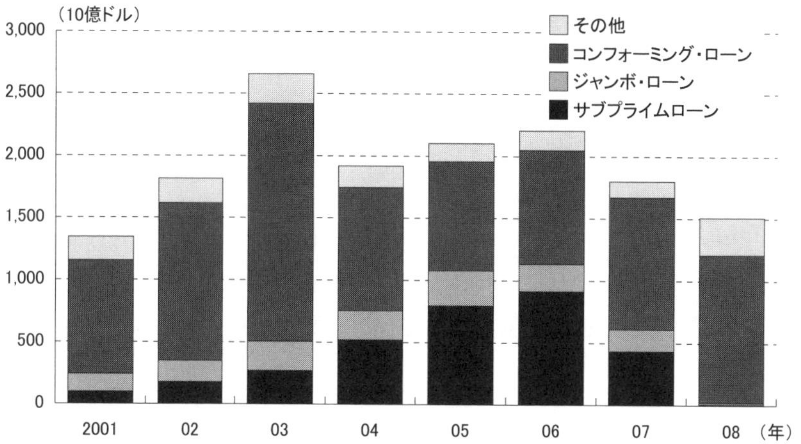

(注) その他には，連邦住宅局保証ローン (FHA)，退役軍人向けローン (VA ローン) 等が含まれる。
(資料) IMF, "Global Financial Stability Report Oct 2008" より作成。

果，一見高リスクでも，証券化を通じてリスク分散することで，投資家が安心して買える仕組みが構築されていたことが大きい。

すなわち，サブプライム・ローンを原資産に証券化したサブプライム MBS を複数集めた上で，リスク階層毎に切り分けられた CDO として再証券化することで広範に投資家に販売することができるようになったことから，通常，銀行借入が困難な信用度が低い層に対する住宅ローンの供与が可能になった。

例えば，Bank of England (2007) では，典型的なトランシェ別の CDO (CLO (ローン担保証券) と表記) の保有主体が記載されているが，リスクが高い部分はヘッジファンドなどが購入する一方，高格付け部分は銀行や保険会社などが多数保有していることが示されている (図表 2-9)。さらに，CDO を信用補完するために，CDS や，モノラインと呼ばれる債務保証会社による債務保証も活用され，多様な投資家に販売されていた。

通常，高リスク証券 (ハイ・イールド債) の買い手は，リスク許容度が高いヘッジファンドや富裕層など一部に限られ，保守的運用が基本の年金基金などは手を出さない。しかし，証券化の原資産がサブプライム・ローンであっ

ても，CDO としてクレジット・リスク毎にトランシェに切り分けることで AAA 格の証券を組成することが可能となり，高格付けのシニア部分は運用方針が保守的な保険会社や年金基金なども安心して購入できるようになった。

当時から，CDO や CDS のリスクを指摘する声もあったが，リスク分散することでサブプライム・ローンなどの提供を可能にするなど，信用供与する対象を拡大する革新的な金融技術との賞賛も根強かった[11]。

さらに，当時のクレジット・ブームのなか，投資家のリスク選好も高まっており，サブプライム・ローンなど住宅ローン分野ばかりでなく，商業用不動産ローンを証券化した CMBS も活発に発行されていた他，企業向け貸出につい

図表 2-9　CLO の投資家構成

トランシェ	損失負担が発生する原資産の損失率(%)	典型的な投資家構成
エクイティ	0	銀行，エクイティ・ファンド（30%） CDO マネージャー（25%） ヘッジファンド（20%） 年金基金（20%） 保険会社（5%）
BB	8	銀行，保険会社（50%） CDO マネージャー（30%） ヘッジファンド（20%）
BBB	12	銀行，保険会社（55%） 他の CDO（メザニン CDO）（30%） ヘッジファンド（15%）
A	15	銀行，保険会社（60%） 他の CDO（ハイグレード CDO，メザニン CDO）（30%） ヘッジファンド（10%）
AA	21	銀行，保険会社（65%） 他の CDO（ハイグレード CDO）（25%） ヘッジファンド（10%）
AAA	29	銀行，モノライン（85%） 保険会社（5%） 他の CDO（ハイグレード CDO）SIV（5%） ヘッジファンド（5%）

（注）（　）内は，各トランシェ内での保有率。
（資料）Bank of England, "Financial Stability Report," Oct 2007 より作成。

ても，コベナンツ・ライトと呼ばれる融資条件を緩和したローンが数多く組成されていた。そして，CMBSやコベナンツ・ライト・ローンなどもサブプライム・ローンと一緒にCDOに組み込まれ，リスクに応じて様々な投資家に広範に販売されていた。

4. 投資銀行業務における主従逆転

それでは，欧米大手銀行はどのような形で米国のクレジット・ブームに関与してきたのであろうか。

まずは，欧米大手銀行が80年代以降強化してきた投資銀行業務の中身について，もう少し詳しく見ておきたい。

投資銀行業務には，大別して2種類の業務がある。すなわち，主に事業法人を顧客に，資本市場を経由した資金調達時点の発行（プライマリー）市場にて，債券や株式を発行する際の債券引受[12]や株式引受[13]を行うプライマリー業務[14]（狭義の投資銀行業務）と，主に投資家を顧客に，流通（セカンダリー）市場で既発の債券や株式の売買を行うトレーディング業務[15]である（図表2-10）。

そして，トレーディング業務の中身をさらに区分すると，大別して，①ブローカレッジ業務，②マーケット・メイク業務，③自己勘定取引，に分けられる（図表2-11）。

図表2-10 投資銀行業務の内訳

	プライマリー業務 （狭義の投資銀行業務）	トレーディング業務
主な業務内容	債券引受（DCM） 株式引受（ECM） M&A業務	債券・通貨・コモディティ（FICC）トレーディング 株式トレーディング
主な顧客	事業法人 金融機関	金融機関（銀行等） 機関投資家（ヘッジファンド，ミューチュアル・ファンド，保険会社，年金基金，ソブリン・ウェルス・ファンド等） 富裕層

（資料）筆者作成。

図表2-11　トレーディング業務の内訳

	取引相手	業務内容	収益源		
			委託 (取次仲介) 手数料	売買 価格差	証券在庫 (ポジション) の価格変動
ブローカレッジ 業務	対顧客	顧客の証券 売買の取次 (マッチング)	○	-	-
マーケット・メイク 業務		顧客の証券 売買の相手	-	○	○
自己勘定取引	自己勘定	自らの投資判断 での証券投資	-	○	○

(資料) 筆者作成。

　ブローカレッジ業務とは，顧客の証券売買の取次ぎであり，その際の委託手数料（コミッション）が収益源となる。次に述べるマーケット・メイク業務との違いは，ブローカレッジ業務は売買を取次ぐだけで，金融機関は証券保有に伴うリスクを負わないところにある。ただし，トレーディング業務の収益において，ブローカレッジ業務の割合はそれ程高くなく，マーケット・メイク業務が主たる収入源になっている。

　マーケット・メイク業務は，顧客の証券売買の仲介という点ではブローカレッジ業務と同じだが，単なる取次ぎではなく，自らが顧客の取引相手になる業務である。ある投資家と売買した際，同時点で別の投資家から全く同額の反対売買の注文が入る保証はないため，結果として証券在庫を抱えざるを得ず，証券保有に付随するリスクを負う業務である。

　他方，ブローカレッジ業務とマーケット・メイク業務が顧客の売買に応じて，受動的に対応した対顧客取引（フロー取引とも言われる）であるのに対して，自己勘定取引とは，顧客取引とは関係なしに，自ら能動的に投資して収益を追求する，いわばヘッジファンドなど機関投資家と同様の業務である（プロップ（プロプライエタリ）取引とも言われる）。

　このように，トレーディング業務においては，ブローカレッジ業務を除き，証券保有に付随するリスクを負う必要がある。

4. 投資銀行業務における主従逆転　29

図表 2-12　マーケット・メイク業務の収益構成要素

売買価格差 × 取引量（回転数） + 証券在庫の価格変動

（資料）筆者作成。

　ここで，マーケット・メイク業務の収益構成は，①売買価格差，②取引量（回転数），③証券在庫の価格変動，の3つの要素から構成される（図表2-12）。後で述べるサブプライム危機の際，トレーディング業務において巨額損失を計上した背景には，自己勘定取引の失敗とともに，マーケット・メイク業務に伴う証券在庫が大きく毀損したことがある。

　ところで，投資銀行業務は，伝統的には資本市場において証券発行を通じた資金調達を支援する業務であり，従来は債券引受，株式引受というプライマリー業務が中心であった。しかし，直接金融の進展はまた，プライマリー業務に比べたトレーディング業務の比重を高めることになった。

図表 2-13　プライマリー収益とトレーディング収益

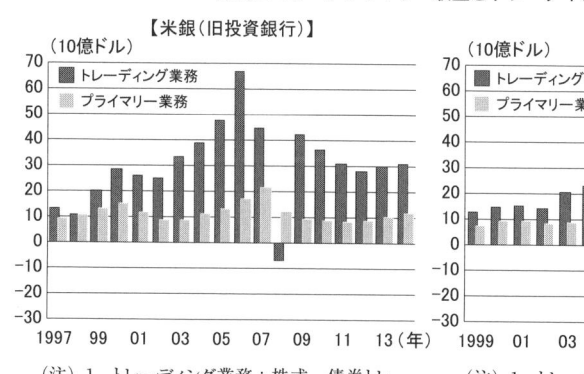

【米銀（旧投資銀行）】

【米銀】

（注）1　トレーディング業務：株式，債券トレーディングプライマリー業務：株式・債券引受，M&A業務。
　　　2　ゴールドマン・サックス，モルガン・スタンレー，旧メリル・リンチ，旧リーマン・ブラザーズの合計。
（資料）各社（行）決算資料より作成。

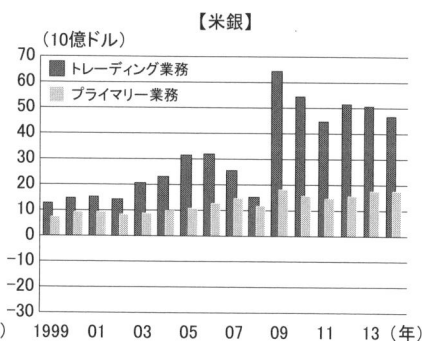

（注）1　トレーディング業務：株式，債券トレーディングプライマリー業務：株式・債券引受，M&A業務。
　　　2　バンク・オブ・アメリカ，JPモルガン・チェース，シティグループの合計。
（資料）各社（行）決算資料より作成。

【欧州銀行】

(注) 1 トレーディング業務：株式，債券トレーディングプライマリー業務：株式・債券引受，M&A 業務。
2 ドイツ銀行，クレディ・スイス，UBS の合計。
(資料) 各社（行）決算資料より作成。

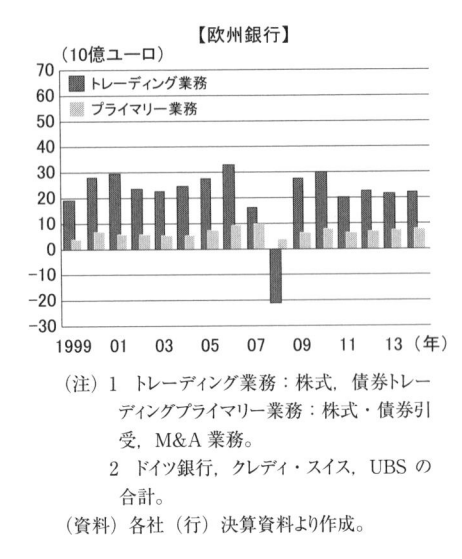

2000年代には，既にトレーディング業務の収益はプライマリー業務を大きく凌駕するようになっている。米国の旧投資銀行でとりわけ顕著であり，90年代後半においては，プライマリー収益とトレーディング収益は同水準だったものの，2006年にはトレーディング収益がプライマリー収益の4倍にも達していた（図表2-13）。米銀（旧投資銀行以外）[16]や欧州銀行においても，米国の旧投資銀行ほどではないにせよ，同様の傾向が見てとれる。このように，投資銀行業務の収益に対する貢献度では，トレーディング業務が非常に大きくなるなど，投資銀行業務における主従が逆転している。

5. 主従逆転の要因

投資銀行業務において，プライマリー業務に比べてトレーディング業務の貢献度が圧倒的に大きくなった背景には，① 商業銀行による投資銀行業務への参入に伴う競争激化からプライマリー業務の収益性が低下傾向にあること，② その一方で直接金融の進展に伴い流通市場が拡大していること，③ 家計部門の金融資産の蓄積から機関投資家の運用資産が拡大していること，がある。

(1) プライマリー業務の収益性低下

　プライマリー業務においては，伝統的な銀行業務の収益性低下を背景に商業銀行が投資銀行業務への参入を進めるなかで，大企業向けの証券引受等のプライマリー業務における競争環境が激化している。このようななか，債券や株式引受などのプライマリー業務の分野では，収益性は低下傾向にある。

　債券引受の手数料率をみると，90年代半ばの0.6％程度から，2000年代半ばには0.1％を割り込む水準にまで低下している（図表2-14）。また，株式引受の手数料率は，90年代前半は引受金額の3％近くの手数料収入が得られていたものの，2000年代半ばには，ピーク時の3分の1の1％近辺にまで低下している。

　プライマリー業務の収益性低下に伴い，当初は当時の米国の大手投資銀行がトレーディング業務の比重を高め，その後，他の大手銀行もこの動きに追随した。

　このように，プライマリー業務における収益性の低下は，銀行がトレーディング業務への注力度合いを高める要因となっている。

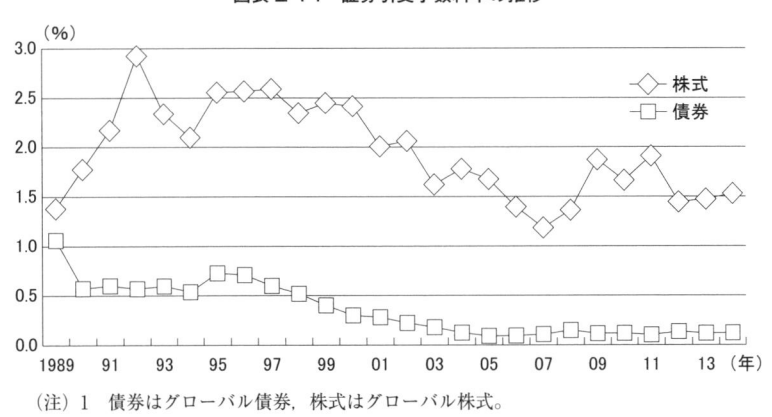

図表2-14 証券引受手数料率の推移

(注) 1 債券はグローバル債券，株式はグローバル株式。
　　 2 手数料率＝発行手数料（Gross Spreadベース）／発行額。
(資料) Thomson Financialより作成。

(2) 流通市場の発展

　資本市場は，債券や株式等の売買が行われる市場であるが，証券が売買される段階に着目すると，①証券の新規発行（発行体による資金調達）時点の発行市場（プライマリー市場）と，②既発証券が売買される流通市場（セカンダリー市場），に区分できる。

　企業が資金調達する市場がプライマリー市場であり，プライマリー市場で発行された株式や社債（あるいは一部の銀行貸出）等を，当初購入した投資家から別の投資家に転売する市場がセカンダリー市場である（図表2-15）。

　プライマリー市場とセカンダリー市場とは密接な関係にある。なぜなら，直接金融においても，かりにセカンダリー市場が存在しなければ，ある企業が発行した証券を購入した投資家は，この証券を事後的に転売できないため，当初購入した証券は満期まで保有し続けるほか選択肢がなくなる。この場合，リスク負担の観点から見れば，当初の資金提供者（投資家）が，資金不足主体の信用リスクや市場リスク等の全てのリスクを満期まで背負い続けることになるため，間接金融における銀行の役割との差異が薄れ，リスク分散という直接金融が持つ効用が大きく減じられてしまうためである。逆に，セカンダリー市場が発達すれば，当初証券を購入した投資家にとって，事後的に任意の時点で転売することが可能となる。このため，新規に発行された証券を購入する際の制約が低下することを通じて，投資家の資金供給が円滑化し，プライマリー市場も一層活性化することにつながる。このように，資本市場は，プライマリー市場

図表2-15　プライマリー市場とセカンダリー市場（概念図）

市場	プライマリー市場（発行市場）		セカンダリー市場（流通市場）
金融機関	商業銀行	投資銀行	
業務内容	プライマリー業務（預貸業務）	プライマリー業務（証券引受）	トレーディング業務（証券売買仲介）
取引概念図	資金余剰主体（家計等）→預金→金融機関→貸出→資金不足主体（企業等）	資金余剰主体（投資家）→証券引受→金融機関→証券発行→資金不足主体（企業等）	投資家↔金融機関↔投資家（証券売買・売買仲介），企業，個人（富裕層）

（資料）筆者作成。

5. 主従逆転の要因 33

とセカンダリー市場との相互強化作用を通じて発展してきた。

ところで，セカンダリー市場が発達すれば，金融機関の業務範囲も，プライマリー市場ばかりでなくセカンダリー市場も，という形で拡大するのは自然な流れであろう。実際，トレーディング業務は，プライマリー市場で引受けた証券を投資家に販売するというディストリビューション機能を担っている。

ここで，プライマリー市場とセカンダリー市場とを，金融機関が資金仲介を行う回数という観点から比較してみると，プライマリー市場では，資金調達時点という1回限りであるのに対して，セカンダリー市場では日々売買が行われており，かりに同一の証券であっても，売買される回数分だけ，資金（売買）仲介回数も増加する。

さらに，両市場を，市場規模という観点から比較すると，プライマリー市場は一定期間内での新規資金調達額という「フロー」の市場であるのに対して，セカンダリー市場は，それまでの資金調達額の累積という「ストック」の市場である。概念的には，新規証券発行額は横ばいで推移しても，既発証券の残高は，発行額が累積されるにつれ大きくなる。

実際，プライマリー市場とセカンダリー市場の規模を比較すると，後者の方が圧倒的に大きい。世界の債券発行額（プライマリー市場）と債券残高（セカンダリー市場）を見ると，2000年時点で債券発行額の約2兆ドルに対して債券残高は約39兆ドルと，セカンダリー市場はプライマリー市場の20倍となっており，その後も20倍前後の規模で推移している（図表2-16）。同様に，世界の株式発行額と株式時価総額を比較すると，2000年時点で株式発行額の約6,000億ドルに対して株式時価総額は約30兆ドルと，セカンダリー市場はプライマリー市場の50倍の規模があり，2012年には約80倍にまでセカンダリー市場が大きくなっている（図表2-17）。

市場規模が大きければ，それだけ取引金額や取引回数が大きくなる素地を有していることになる。セカンダリー市場の発展に伴い，金融機関の業務内容において，トレーディング業務の比重が高まることにつながった。

34　第2章　2000年代のクレジット・ブームとグローバル・ユニバーサルバンク

図表 2-16　世界の債券発行額と債券残高

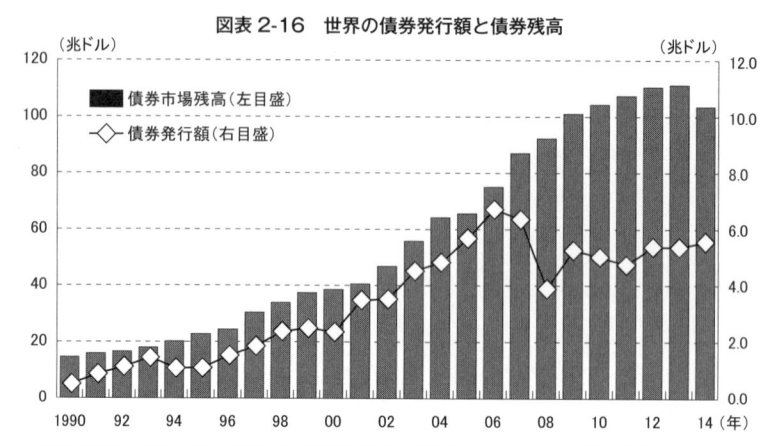

(注) 残高：世界の国内債残高＋国際債残高，発行額：グローバル債券発行額。
(資料) BIS, "Debt securities statistics," Thomson Reuters より作成。

図表 2-17　世界の株式発行額と株式時価総額

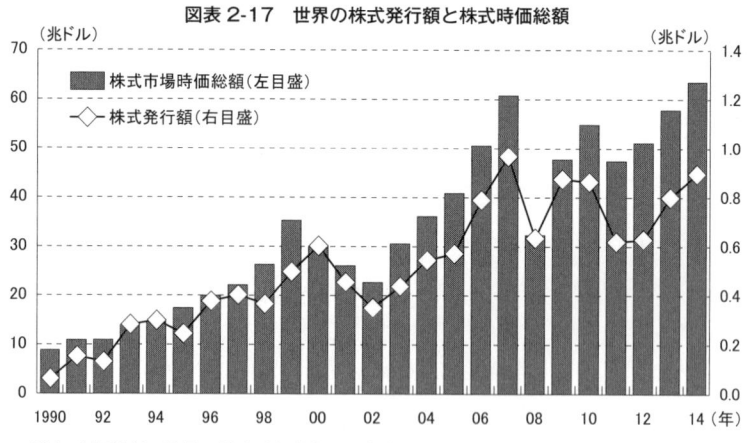

(注) 時価総額：世界の株式時価総額，発行額：グローバル株式発行額。
(資料) World Federation of Exchanges, Thomson Reuters より作成。

(3) 家計部門の金融資産の蓄積と機関投資家の運用資産の拡大

　欧米の家計部門の状況をみると，金融資産が着実に積み上がるとともに，保険・年金や投資信託など，預金以外の商品にシフトしている。
　主要国の家計金融資産（合計）は，95年の47.6兆ドルから2005年には74.8

5. 主従逆転の要因   35

図表 2-18 家計金融資産と構成

	合計(兆ドル) 1995	合計(兆ドル) 2005	機関投資家(%) 合計 1995	機関投資家(%) 合計 2005	保険・年金 1995	保険・年金 2005	ミューチュアル・ファンド 1995	ミューチュアル・ファンド 2005	預金(%) 1995	預金(%) 2005	債券・株式(%) 1995	債券・株式(%) 2005	その他(%) 1995	その他(%) 2005
オーストラリア	0.6	1.3	38	46	38	46		11	28	22	16	20	18	12
カナダ	1.3	2.3	35	41	35	41			29	26	30	32	6	1
ユーロ圏	10.4	17.1	31	40	23	29	8	11	41	31	27	27	2	2
ベルギー	0.7	0.9	19	40	10	23	9	18	29	32	48	30	5	-2
フランス	2.2	3.7	37	44	24	35	13	10	43	33	17	20	3	3
ドイツ	3.6	5.0	34	42	27	30	7	12	42	35	23	21	1	1
イタリア	2.0	3.8	14	27	10	17	4	10	42	27	43	45	1	0
オランダ	1.0	1.8	57	61	53	59	4	2	23	21	20	18		
スペイン	0.9	1.8	20	28	10	15	10	13	52	38	23	31	5	3
日本	12.3	12.8	27	29	25	26	2	3	50	52	18	14	5	5
韓国	0.6	1.2	26	27	17	21	9	6	57	58	12	9	5	5
シンガポール	0.2	0.3	38	44	38	44			40	33	22	23	0	0
スウェーデン	0.3	0.5	32	46	26	33	6	13	25	19	28	35	15	0
スイス	0.9	1.2	48	53	40	44	8	9	23	25	30	23		
英国	3.0	6.1	55	58	51	53	4	5	24	26	18	13	3	3
米国	18.0	32.1	42	50	35	37	7	13	20	21	35	26	2	3
合計	47.6	74.8	36	44	31	35	6	9	34	30	27	23	3	3

(注) シンガポールは 2000 年と 2005 年の数値。スイスは 1999 年と 2003 年の数値。
(資料) Committee on the Global Financial System (2007), "Institutional Investors, Global Savings and Asset Allocation," p. 37 より作成。

兆ドルに増加している（図表2-18）。そして，内訳を見ると，保険・年金やミューチュアル・ファンドなど機関投資家の商品の割合が，95年の36％から2005年には44％に上昇する一方，預金の割合は，この間，34％から30％に減少している。金融資産の蓄積に伴い家計部門の利回り選好が高まり，現預金から投信などリスク性資産への資金シフトが発生しているためである。

家計部門における金融資産の蓄積と利回り選好の高まりは，運用主体としての機関投資家の成長を促すことになった。家計貯蓄が，銀行預金という伝統的形態から，投資信託や保険・年金などにシフトするに伴い，これら機関投資家の預かり資産も増大している。

投資信託の運用資産は，2001年の約12兆ドルから2007年には約26兆ドルへと倍増している（図表2-19）。同様に，年金基金の運用資産も，2001年の約16兆ドルから2007年には約29兆ドルに倍増している（図表2-20）。

さらには，ヘッジファンドやソブリン・ウェルス・ファンド（SWF；Sovereign Wealth Fund）といった機関投資家の資産も拡大している。ヘッジファンドの運用資産は，2000年の約4,000億ドルから2007年には2兆ドルと，この間5倍増となった（図表2-21）。

また，SWFの運用資産も，2000年の約1兆ドルから拡大を続け，2007年時

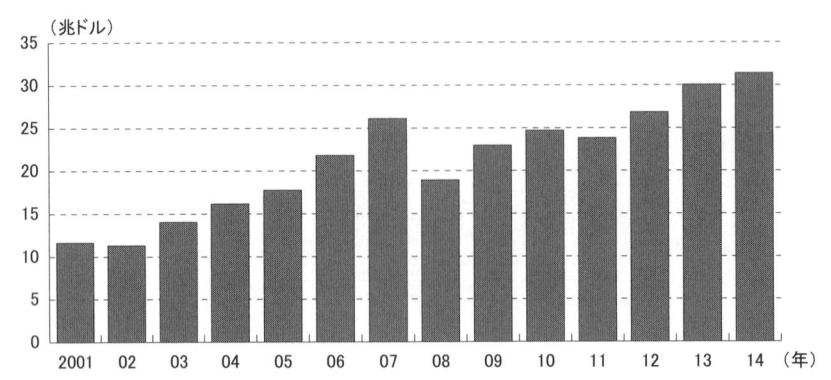

図表2-19　世界の投資信託の運用資産

（資料）Investment Company Institute (ICI), "Quarterly Worldwide Mutual Fund Market" より作成。

図表 2-20 世界の年金基金の運用資産

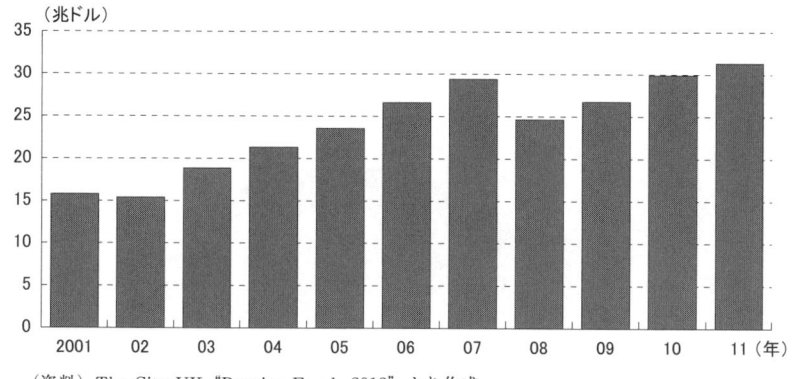

(資料) The City UK, "Pension Funds 2013" より作成。

図表 2-21 ヘッジファンドの運用資産

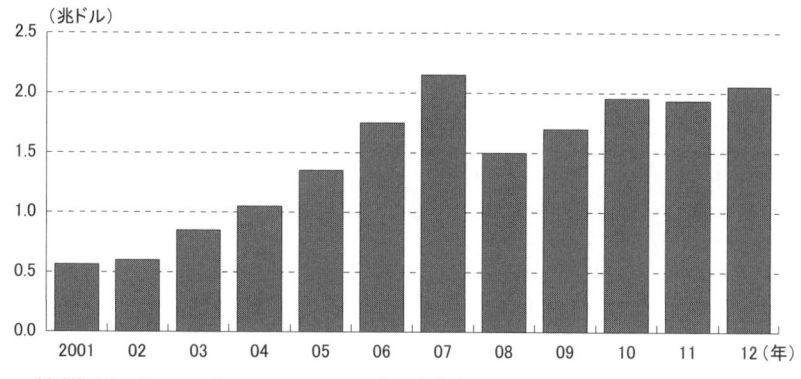

(資料) The City UK, "Hedge Funds 2013" より作成。

点では約3兆ドルとなっている（図表2-22）。なお，2008年から2009年にかけては，金融危機の顕在化により，いずれの機関投資家の運用資産も，運用成績の悪化や保有資産の減価から減少したものの，その後は再び増加基調となっている。

　機関投資家は，社債，株式等の主に金融商品に投資して運用益を追及する主体であり，機関投資家の預かり資産の増大はまた，債券市場や株式市場の取引を活発化させている。機関投資家は運用成績の向上に向け，常に証券の売買機

図表2-22 ソブリン・ウェルス・ファンドの運用資産

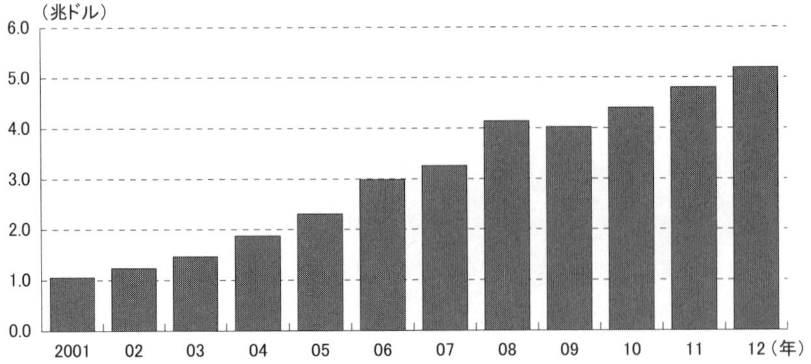

年	兆ドル
2001	約1.1
02	約1.3
03	約1.5
04	約1.9
05	約2.3
06	約3.0
07	約3.3
08	約4.2
09	約4.1
10	約4.5
11	約4.9
12	約5.3

（資料）The City UK, "Sovereign Wealth Funds 2013" より作成。

会をうかがっている。機関投資家の証券売買ニーズがある限り，銀行にとっては常にトレーディング業務の収益機会は存在することから，欧米大手銀行はますますトレーディング業務に注力するようになっていった。

このように，機関投資家の台頭もまた，投資銀行業務におけるトレーディング業務の比重を高める要因となっている。

6. クレジット・ブームにおけるグローバル・ユニバーサルバンクの役割

このように欧米大手銀行においてトレーディング業務の収益への貢献度が高まるなか，2000年代のクレジット・ブームにおいて，欧米大手銀行は，リテール業務から投資銀行業務まで広範な業務をグローバルに手掛けるグローバル・ユニバーサルバンクとして，中心的な役割を果たしてきた。すなわち，リテール業務においては住宅ローンやクレジットカード・ローンの組成者，投資銀行業務においては住宅ローンやクレジットカード・ローンを証券化する証券化主体，そして，同じく投資銀行業務の主力であるトレーディング業務においては欧米を中心としたグローバルな機関投資家に対する証券化商品の売買相手，という一連の役割である。

先述したように，米国の住宅ローンの場合，GSE の買取基準を満たしたコンフォーミング・ローンであれば，銀行や住宅ローン会社は住宅ローンを組成した後，これらの債権を GSE に売却して手数料を稼ぐことで業務は完結する。しかし，この時期，先で見たように，GSE の買取基準に満たないサブプライム・ローンや高額のジャンボ・ローンなども大量に組成されていた。これらは欧米大手銀行が民間 MBS[17] として証券化することを前提に成り立つ仕組みであった。

米国の民間 MBS の状況を見ると，サブプライム MBS（民間 MBS の一部だが，下記図表では区別されている）の 39％，民間 MBS の 66.8％は商業銀行により原資産が組成されている（図表 2-23）。これに投資銀行を加えれば，サブプライム MBS の約 6 割，民間 MBS の約 8 割が商業銀行もしくは投資銀行が組成したことになる。

図表 2-23 米国における ABS の原資産の組成主体（1983 年－2008 年）

	商業銀行	投資銀行	モーゲージ・ブローカー	ヘッジ・ファンド	消費者金融会社	政府	合計
自動車ローン ABS	409.1	14.4	15.1	2.3	952.8	0.0	1,393.7
	(29.4)	(1.0)	(1.1)	(0.2)	(68.4)	(0.0)	
クレジットカード・ローン ABS	1,095.0	10.1	0.8	6.9	53.9	0.0	1,166.7
	(93.9)	(0.9)	(0.1)	(0.6)	(4.6)	(0.0)	
学生ローン ABS	54.3	0.0	0.0	0.0	33.7	150.4	238.4
	(22.8)	(0.0)	(0.0)	(0.0)	(14.1)	(63.1)	
サブプライム MBS（ホーム・エクイティ含む）	1,134.3	651.9	758.5	64.2	296.8	2.9	2,908.6
	(39.0)	(22.4)	(26.1)	(2.2)	(10.2)	(0.1)	
CMBS	740.4	415.7	84.7	37.5	80.2	25.8	1,384.3
	(53.5)	(30.0)	(6.1)	(2.7)	(5.8)	(1.9)	
CDO	772.4	119.8	61.8	927.3	103.5	2.4	1,987.2
	(38.9)	(6.0)	(3.1)	(46.7)	(5.2)	(0.1)	
その他	228.5	36.0	44.9	39.6	323.8	91.2	764.0
	(29.9)	(4.7)	(5.9)	(5.2)	(42.4)	(11.9)	
MBS（プライベート・ラベル）	5,077.6	837.7	824.2	85.0	604.8	167.5	7,596.8
	(66.8)	(11.0)	(10.9)	(1.1)	(8.0)	(2.2)	

（注）1 （ ）内はシェア。
　　　2 ここでのプライベート・ラベルは，サブプライム以外の GSE 買取対象外の住宅ローン（ジャンボ・ローン，オルト A ローン等）。
（資料）Cetorelli and Peristiani (2012), "The Role of Banks in Asset Securitization," p. 55 より作成。

また，組成したMBSの引受主体では，サブプライムMBSや民間MBSを含む全ての資産担保証券（ABS；Asset Backed Securities）において，ほぼ全額が，商業銀行と投資銀行で占められている（図表2-24）。

GSEが発行するいわゆるエージェンシーMBSと，民間MBSの発行額を比較すると，2000年にはエージェンシーMBSの発行額が約4,700億ドルだったのに対して，民間MBSはわずか約900億ドルに過ぎなかった（図表2-25）。しかし，2006年には，エージェンシーMBSの約9,000億ドルに対して民間MBSも約7,000億ドルまで急増していた。さらに，住宅担保の消費者ローンであるホームエクイティ・ローンや，商業用不動産ローンなども積極的に証券化していた。

欧米大手銀行は，さらに，GSE買取対象外の住宅ローンに加え，クレジットカード・ローンや自動車ローンなども次々と証券化し，住宅ローンなどを組

図表2-24 米国におけるABSの引受主体（1983年－2008年）

(％)	商業銀行	投資銀行	その他
自動車ローンABS	69.4	29.7	0.9
クレジットカード・ローンABS	65.7	32.9	1.4
学生ローンABS	88.6	10.4	1.0
サブプライムMBS（ホーム・エクイティ含む）	56.1	41.4	2.5
CMBS	55.2	41.1	3.7
CDO	63.7	32.4	3.9
その他	60.8	35.7	3.5
MBS（プライベート・ラベル）	71.8	24.9	3.3

(注) 1 （　）内はシェア。
　　 2 ここでのプライベート・ラベルは，サブプライム以外のGSE買取対象外の住宅ローン（ジャンボ，オルトA等）。
(資料) Cetorelli and Peristiani (2012), "The Role of Banks in Asset Securitization," p. 55 より作成。

6. クレジット・ブームにおけるグローバル・ユニバーサルバンクの役割　41

図表 2-25　米国の MBS 発行額

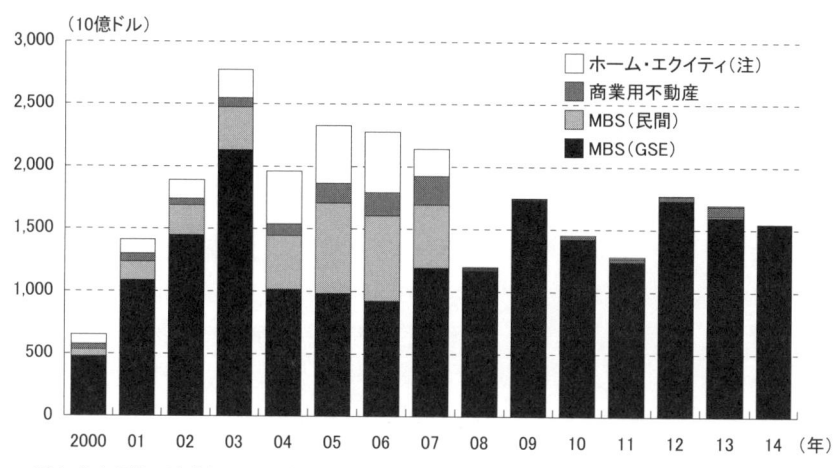

(注) 住宅担保の消費者ローン（第二抵当住宅ローン）。
(資料) Securities Industry and Financial Markets Association (SIFMA), "U.S. Mortgage-Related Securities Issuance" より作成。

図表 2-26　米国の ABS（MBS 除く）発行額

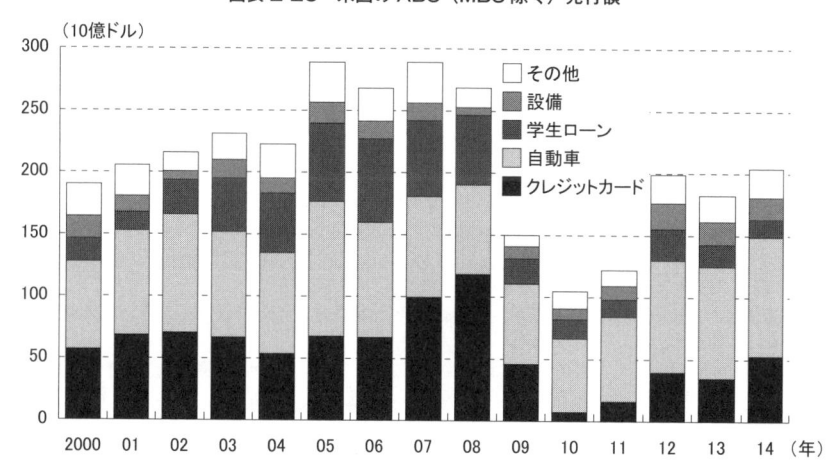

(資料) Securities Industry and Financial Markets Association (SIFMA), "U.S. Asset-Backed Securities Issuance" より作成。

み合わせてCDOを組成し，機関投資家に販売していた。クレジットカード・ローンを担保としたABSの発行額は，2000年の約600億ドルから2007年には約1,000億ドルに増加している（図表2-26）。また，自動車ローンも，2000年の約700億ドルから2005年には1,000億ドルに増加している。

そして，このように組成・引受されたMBSなどの証券化商品は，トレーディング業務を通じて機関投資家などに販売されていた。

欧米大手銀行が「伝統的な」商業銀行のままであれば，組成したローンは満期まで自らのバランスシートで保有するのが通常であり，証券化商品として市場に出回ることはない。欧米大手銀行は，投資銀行機能を持つグローバル・ユニバーサルバンクとなることで，組成したローンを自ら抱え続けることなく，証券化を通じてグローバルに機関投資家に販売できるようになった。そして，機関投資家に販売できるとの目論見から，サブプライム・ローンなどのGSE買取対象外のローンも積極的に組成することができた。

このように，欧米大手銀行は，グローバル・ユニバーサルバンクとなったことで，クレジット・ブームにおいて主体的な役割を果たした。

注
1 商業銀行全体の純利益は，99年から2000年にかけてのみ，約715億ドルから約708億ドルに微減した。
2 「ニューエコノミー」に確たる定義はないものの，91年3月以来の過去最長の景気拡大局面において，IT産業の勃興などから景気循環がなくなったとする議論全般を指す。実際には，2001年3月に景気後退期に入りしている（景気後退期は2001年11月までの8カ月間）。
3 Alan Greenspan (1996), "The Challenge of Central Banking in a Democratic Society," *The American Enterprise Institute*, Washington, D.C., Dec 5.
4 Ben Bernanke (2002), "Deflation: Making Sure "It" Doesn't Happen Here," *National Economists Club*, Washington, D.C., Nov 21.
5 集合住宅向けローン（約8,000億ドル），商業用不動産ローン（約2.5兆ドル）等，その他不動産担保ローンを除く。
6 井村（2002）において，米国の住宅ローン市場は，1970年代以降，証券化政策の下で証券化が進展し，S&L等の中小金融機関を通じたローカルな資金循環市場から，全米の資本市場に組み込まれた市場へと発展したと分析されている（井村（2002），17頁）。
7 ①米財務省の緊急融資枠（22.5億ドル），②州税・地方税の免除，③SECへの登録義務免除，など。いずれも両社の事業規模に比べて金額的には僅かであるが，優遇措置の存在自体が，市場からは政府の後ろ盾があると見なされていた。
8 2008年のリーマン・ショック直前に政府に救済されて上場廃止となったものの，サブプライム危機後のMBSのほとんどは両社の組成分であるなど，依然として米国の住宅ローン証券化市場に

おいて大きな役割を果たしている。
9 　借手の信用状況を数値化したもの。米国では，金融情報会社のフェア・アイザック社が提供するFICOスコアを使用するのが一般的である。FICOスコアは，支払履歴，債務残高，信用履歴，新規信用額，信用種類などの項目に基づき，個人の信用状態が300〜850点の範囲で点数化されたものである。概ね，660点以上が「プライム（優良）」，660点未満が「サブプライム（信用度に難有り）」とされる。
10 　担保価値に対する最大貸出率。例えば，LTV＝80%であれば，担保価値30万ドルの物件に対する借入限度額は，24万ドル（＝30万ドル×80%）となる。
11 　例えば，グリーンスパンFRB議長も，CDOやCDSの発達は，銀行の与信管理の効率化を通じて銀行システムの安定に貢献すると述べている（Alan Greenspan (2005), "Risk Transfer and Financial Stability," *Federal Reserve Bank of Chicago's Forty-first Annual Conference on Bank Structure*, Chicago, IL, May 5)。
12 　通常，DCM（Debt Capital Market）と呼ばれる。
13 　通常，ECM（Equity Capital Market）と呼ばれる。
14 　その他，企業の合併や買収を仲介するM&A業務がある。
15 　顧客に証券を販売するため，セールス＆トレーディング業務とも呼ばれる。
16 　米銀（ここでは，JPモルガン・チェース，バンク・オブ・アメリカ，シティグループの合計値）のトレーディング収益が2009年以降急増しているのは，ベア・スターンズ（JPモルガン・チェースが買収）やメリルリンチ（バンク・オブ・アメリカが買収）を買収したことがある。その他に，リーマン・ブラザーズの破綻や一部欧州銀行のトレーディング業務縮小に伴い，その分の収益を獲得できたことがある。
17 　GSEではなく民間金融機関により証券化されたMBSは，プライベート・ラベルとも呼ばれる。

第3章
グローバル・ユニバーサルバンクから
21世紀型OTDモデルへの変質

1. 21世紀型OTDモデルの定義

　グローバル・ユニバーサルバンクとなった欧米大手銀行が，2000年代の米国のクレジット・ブームのなかで積極的な役割を果たすなか，次第にその性質が変化していくことになる。
　具体的には，①トレーディング収益依存度の高まりに伴うトレーディング至上主義への変質，②資産拡大とその裏側での市場性資金調達依存度の高まりに伴うバランスシート構造の脆弱化，③シャドーバンキングとの取引関係の複雑化，である。
　ここで，銀行が組成したローンを証券化して機関投資家に販売するモデルは，「OTDモデル」と言われる。銀行が，住宅ローンなどの貸出債権を証券化してバランスシートから切り離す（オフバランス化する）手法自体は，住宅ローンに限らず，リテール分野ではクレジットカードや自動車ローン，法人分野においてもシンジケート・ローンなどでも普及している。
　ただし，従来，銀行が貸出債権をオフバランス化する目的は，自己資本比率規制など規制遵守に向けたバランスシートの軽減化やリスクの切り離しにあった。通常，ローンを組成すればそれだけバランスシートが拡大し，かつ返済リスク等の借手のリスクを背負うことになる。これに対して，貸出債権をGSE等に売却したり，自ら証券化して機関投資家に販売したりすれば，資産は拡大せずに済み，かつ借手のリスクも貸出債権や証券化商品の買い手に転化され

る。

　これに対して，クレジット・ブームのなかでの欧米大手銀行の OTD モデルにおいては，貸出債権を証券化する目的は，銀行自身のバランスシートの軽減化やクレジット・リスクの切り離しというよりは，トレーディング業務を通じた機関投資家へのプロダクツの販売と，これに伴うトレーディング収益の最大化にあった[1]。そして，トレーディング業務への過度の傾注は，バランスシートを膨張させ，資金調達構造を脆弱化させることになった。さらに，トレーディング業務における主要顧客であるシャドーバンキングとの間で，バランスシートの資産・負債両面で複雑な取引関係が形成されたが，これらの取引は相対取引である店頭（OTC；Over-the-Counter）取引としてベールに包まれるなど透明性が欠落しており，後の危機を増幅させることになった。

　本書では，本来リスクを分散させるはずの OTD モデルが，トレーディング

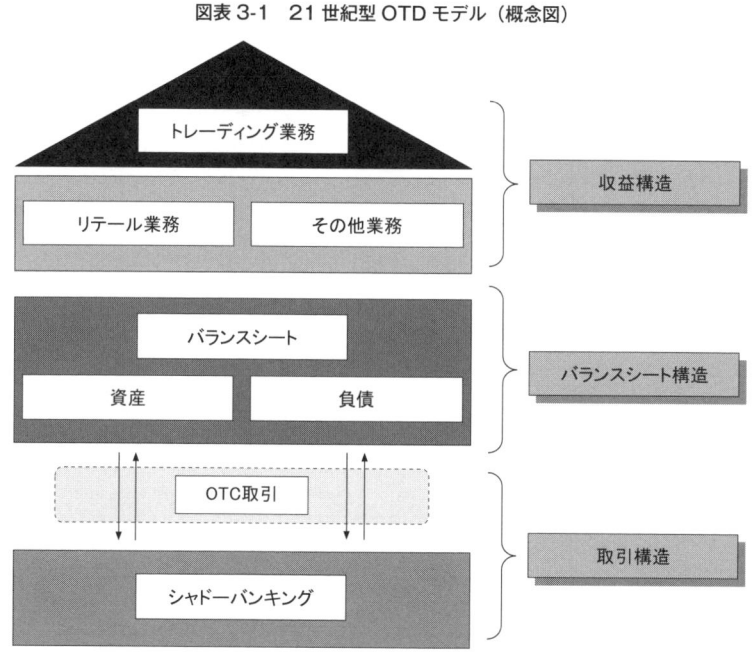

図表 3-1　21 世紀型 OTD モデル（概念図）

（出所）筆者作成。

収益を追及するあまり，自らのリスクを高めることになるビジネスモデルを，「21世紀型OTDモデル」と定義したい（図表3-1）。

　80年代以来，欧米大手銀行が追求してきたグローバル・ユニバーサルバンクとの関係では，21世紀型OTDモデルは，2000年代のクレジット・ブームのなか，グローバル・ユニバーサルバンクが「変質」したものと言えよう。

2. トレーディング至上主義
（投資銀行業務とリテール業務との有機的結合）

　ここで，投資銀行業務におけるプライマリー業務とトレーディング業務との関係について，改めて整理しておきたい。

　先述したように，投資銀行業務の収益面では，もはやトレーディング業務がプライマリー業務を大きく上回っている。他方で，トレーディング業務で売買される証券などの「プロダクツ」は，あくまでプライマリー業務で組成されたものである。このため，新規のプロダクツがなければ，トレーディング業務もいずれは縮小を余儀なくされることになる[2]。このように，プライマリー業務はトレーディング業務に対するプロダクツの供給源として重要な役割を担っている。

　このようななか，2000年代において，機関投資家向けの新規プロダクツとして登場したのが，サブプライムMBSなどを元に再証券化したCDOであった。欧米大手銀行は，収益の柱であるトレーディング業務に対して，当時の売れ筋プロダクツであったCDOを積極的に供給するため，プライマリー業務を通じてCDOを大量に組成し，トレーディング業務を通じて機関投資家などに販売してきた。さらには，既発のCDOについても，流通市場において機関投資家相手に売買することで，トレーディング業務の収益を拡大させていった。

　このように，2000年代の投資銀行業務においては，プライマリー業務は，事業法人の資金調達を支援して手数料を稼ぐ業務というよりは，収益源であるトレーディング業務にプロダクツを供給するための「手段」と化していた。そして，当時最大のプロダクツ供給源が，米国の名目GDPと同等の市場規模を

有する住宅ローンであった。いわば，21世紀型OTDモデルにおいては，投資銀行業務とリテール業務とが有機的に結合していた。

この時期，ユニバーサルバンクとしてグループ内にリテール部門を持つシティグループやJPモルガン・チェースなど本来商業銀行であるところばかりでなく，当時は商業銀行部門を持たない専業投資銀行であったメリルリンチ，ゴールドマン・サックス，モルガン・スタンレー，あるいは米国内ではリテール業務を行っていなかったドイツ銀行やUBSなどの欧州系のユニバーサルバンクも，トレーディング業務に対して機関投資家向けのプロダクツを提供するため，プロダクツ供給源となる米国の住宅ローン会社を次々に買収していた。

図表3-2　欧米大手銀行による米国住宅ローン会社の買収事例

銀行名	住宅ローン会社	住宅ローン・サービシング会社
メリルリンチ	First Franklin（2006年） Ownit（2005年）	Whilshire Credit（2004年） First Franklin（2006年）
シティグループ	CitiFinancial（2000年） Argent（2007年）	AMC Mortgage Serivices（2007年）
ゴールドマン・サックス	Southern Pacific（1999年） Senderra Funding（2007年）	Litton Servicing（2007年）
クレディ・スイス	DLJ Mortgage（2000年）	SPS（2004年）
ドイツ銀行	Chapel Funding（2006年） MortgageIT（2006年）	Chapel Funding（2006年）
バンク・オブ・アメリカ	Countrywide（2008年）	Countrywide（2008年）
バークレイズ	Equifirst（2007年）	HomeEq（2006年）
リーマン・ブラザーズ	BNC（2003年） Aurora（2003年） Finance America（2004年） SIB Mortgage（2004年） Preferred Mortgage（2004年）	Aurora（2003年）
ベア・スターンズ	Encore Cerdit（2007年）	EMC Mortgage（2008年）
モルガン・スタンレー	Saxon（2006年） CityMortgage（2006年）	Saxon（2006年）
JPモルガン・チェース	Washington Mutual（2008年）	Washington Mutual（2008年）

（注）（　）内は買収年。
（資料）Beltran, et al.（2013），"Asymmetric Information and the Death of ABS CDOs"より作成。

すなわち，欧米大手銀行は，「川下」にあるトレーディング業務へのプロダクツ供給のため，「川上」の住宅ローン会社を丸ごと買収し，住宅ローンを証券化商品の組成に向けた在庫として抱え込んでいた。

例えば，90年代前半から2007年頃にかけ，当時の米大手投資銀行であるゴールドマン・サックス，モルガン・スタンレー，メリルリンチ，リーマン・ブラザーズ，ベア・スターンズや，大手欧州銀行のドイツ銀行，バークレイズ，クレディ・スイスなどは，米国の住宅ローン会社や住宅ローン・サービシング会社を競うように買収していた（図表3-2）。

本来，米国内の住宅ローン業務とは無関係な，大手投資銀行や大手欧州銀行が，トレーディング業務に対するプロダクツ供給を目的に米国の住宅ローン業務に注力する姿は，21世紀型OTDモデルの典型例と言えよう。

3．負債構造の脆弱化

機関投資家への販売や積極的な売買を目的とした21世紀型OTDモデルは，必然的にバランスシートを拡大させることになる。

トレーディング業務はそもそもバランスシート上に巨額の資産を抱えなければならない業務である。

第一に，証券化商品を組成するため，原資産となる住宅ローンやMBSなどを一時的に在庫として保有する必要があり，この分，バランスシートが拡大する。

第二に，機関投資家相手の売買を円滑化するため，マーケット・メイク業務[3]を行う際にも，一定の在庫証券を抱えておく必要がある。在庫証券がないと，機関投資家から売買注文が入った際に対応することができず，値付けが不可能になるためである。

第三に，マーケット・メイク業務に付随するものとして，保有ポジションや取引のリスク・ヘッジのためのデリバティブのポジションも相応に膨らむことになる。さらには，カバー取引とともに自己勘定取引も行っていたことも，バランスシートをさらに膨らませることにつながった[4]。

このような資産拡大は，結果として，その裏側で負債も膨らませることになる。そして，負債の多くは，安定的な資金調達手段である預金ではなく，市場からの資金調達に依存していた。

そもそも，米国の事例で言えば，GLB法の下でも銀行本体での証券業務や証券本体での銀行業務は禁止されており，銀行（商業銀行）と証券（投資銀行）は別会社形態でなければならない。このため，グループ内で投資銀行業務を行う証券会社においては預金をとれないことから，基本的に市場から資金調達する必要がある。

具体的には，機関投資家と売買するトレーディング資産は，通常，レポ取引，CP，社債などで資金調達されている。ストラクチャード・インベストメント・ビークル（SIV；Structured Investment Vehicle）やコンデュイットといった投資ビークルを通じたポジション保有も同様である[5]。一般に社債などのターム物（長期債券）の方が資金調達は安定するが，2000年代のクレジット・ブームのなかでは，レポ取引やCPなど短期の資金調達コストも低下していた。このようななか，トレーディング業務を拡大するほど，短期の市場性資金への依存度が高まることになった。

さらには，レポ取引については，レポ市場で調達した資金で再び証券を購入し，この証券を再びレポ市場に担保として差し出すことで資金調達するという，レポ市場を通じた重層的なレバレッジも，さらに資産を拡大させることになった。そして，この様なレバレッジは，翌日物（オーバーナイト）という超短期資金でファイナンスされることも珍しくなかった。

4. シャドーバンキングとの取引関係の複雑化

ここで，「シャドーバンキング」とは，金融安定化理事会[6]（FSB；Financial Stability Board）の定義に従えば，「通常の銀行システム外にいる主体や活動による信用仲介システム」を指し，資産運用会社，MMF，ヘッジファンドなどの機関投資家が含まれる。保険会社や年金基金も，銀行システム外の機関投資家であるが，通常，「リアルマネー（実需筋）」と呼ばれてヘッジファンドな

どとは区別されており，FSB の定義においてはシャドーバンキングには含まれない。

　21 世紀型 OTD モデルにおいては，証券化商品などの販売面ばかりでなく，資金調達面においても，ヘッジファンドや MMF などシャドーバンキングと非常に深い関係となっていた[7]。

　販売面では，例えば CDO は，クレジット・リスク毎にリスクが切り分けられているが，シニア部分は保守的運用を行う保険会社や年金基金が購入する一方，リスク高く買い手が見つけにくいメザニンやエクイティ部分は積極的な運用を行うヘッジファンドが購入するといったように，役割分担ができていた。

　保険会社や年金基金は，資産規模ゆえに一回の購入額は大きくなる傾向があるのに対して，頻繁な資産の入れ替えは行わない。これに対して，ヘッジファンドは短期売買を繰り返して運用成績の向上を図る傾向があり，トレーディング業務にとっては上顧客である。欧米大手銀行の投資銀行業務では，機関投資家など金融機関向け営業の重要性が増しており，欧米大手銀行では，FIG（Financial Institutions Group）と呼ばれる金融機関担当 RM（リレーションシップ・マネージャー）も強化されてきた。とりわけ，ヘッジファンドに対しては，プライム・ブローカレッジ業務[8]を強化し，取り込みを図っていた。

　一方，資金調達面では，証券化商品を保有する SIV やコンデュイットが資金調達する際の資産担保 CP（ABCP），あるいは銀行本体で発行する CP や社債，レポ取引の相手として，MMF などのシャドーバンキングの資金供給に依存する構造が構築されていた。

　このように，21 世紀型 OTD モデルにおいては，資産ではトレーディング業務の売買相手，負債面では資金調達先として，バランスシートの資産・負債の両面で，シャドーバンキングとの相互依存関係が強化されると同時に，取引関係が複雑化していた。そして，これらの取引は，OTC 取引という形態でベールに包まれており，外部から見れば中身は不透明でブラックボックス化していた。

5. 21世紀型OTDモデルの下でのグローバル・ネットワーク

　さらに，21世紀型OTDモデルはグローバル・ユニバーサルバンクが変質したものであり，当然のことながら活動は米国内で完結せず，取引ネットワークはグローバルに拡大していた。

　21世紀型OTDモデルの下では，①欧州銀行が米国の住宅ローンなどを元に証券組成を行うという「供給側（銀行側）のグローバル・ネットワーク」，②米国の原資産に基づく証券化商品を米国外の機関投資家や欧州中小銀行などが購入するという「需要側（投資家側）のグローバル・ネットワーク」，という需給両面でのグローバル・ネットワーク，が構築された。

　欧州銀行は，資産側では，ロンドンやケイマン諸島などのタックス・ヘイブンにSIVやコンデュイットを設立して米国のサブプライム・ローンなどを元に組成されたCDOなどの証券化商品を保有し，負債側では，米国におけるABCP発行やレポ取引を通じて資金調達を行っているケースも多かった。結果として，欧州銀行のグロスでのドル建てポジションは大きく膨らんだ[9]。

　欧州銀行の場合，米国で大規模に投資銀行業務を展開しており，外貨である米ドルを市場調達する必要に迫られていた。欧州銀行は，そもそも米銀に比べて資金調達手段に占める預金の割合が少ないなか，さらにトレーディング業務を拡大したことで，資金調達面における市場性資金への依存度が大きく高まっていた。そして，米ドル調達においては，米国のMMFなど，短期で逃げ足の速い，シャドーバンキングに依存していた。

　さらに，米国内ばかりでなく，グローバルな機関投資家が，欧米大手銀行が組成した証券化商品を購入していた。証券化商品を購入していたのは機関投資家ばかりでなく，資金運用先に困っていたドイツなどの中小銀行も含まれていた。

　2000年代においては，供給側の大手欧州銀行がABCPやレポ取引を通じて米ドルを調達する裏側で，グローバルな機関投資家や欧州の中小銀行が対米証券投資を活発化させた結果，米国の資本取引は，資産，負債双方で急速に膨張

していた。これが後に欧州銀行の「ドル不足」を生じさせる要因となった。

注

1 北原（2010a）では、欧米大手銀行が自己勘定投資による収益獲得行動に走ったことが、OTDモデルの下で自らリスクを抱え込んだ要因になったことが指摘されている。
2 株式の場合、通常の債券とは異なり満期がないため、理論的には永久に流通市場で売買することが可能である。
3 マーケット・メイク業務は、顧客の証券売買の仲介という点ではブローカレッジ業務と同じだが、単なる取次ぎではなく、自らが顧客の取引相手になる業務である。ある投資家と売買した際、同時点で別の投資家から全く同額の反対売買の注文が入る保証はないため、結果として証券在庫を抱えざるを得ず、証券保有に付随するリスクを負う業務である。
4 統計的な把握は困難であるが、ドッド・フランク成立後、複数の銀行は自己勘定取引チームを解散していることが、それまで自己勘定取引を行っていたことの証左となっている。
5 田中（2010a）においては、この時期の欧州銀行の行動として、短期資金調達を通じて、SIVやコンデュイットを通じた証券化商品への長期投資などを行い、長短利鞘差に伴う収益を獲得していたとも指摘されている（田中（2010a）、195頁）。また、中條（2010）においては、同様の長短利鞘の獲得が、レバレッジを通じて増幅されていたと指摘されている（中條（2010）、219頁）。
6 99年に設立された金融安定化フォーラム（FSF；Financial Stability Forum）を前身とし、FSFを強化・拡大する形で2009年4月に設立された。FSBには、2013年3月時点で、主要25カ国・地域の中央銀行、金融監督当局、財務省、主な基準策定主体、IMF、世界銀行、BIS、OECD等の代表が参加している（事務局はBISに設置）。
7 もちろん、AIGのように保険会社との取引も形成されていた。
8 ヘッジファンド等の機関投資家を対象に、カストディ業務（証券決済・保管業務）、会計管理、有価証券貸借取引、貸出、オフィスの提供等の総合的なファンド運営サービスを提供する業務。
9 田中（2010a）、（2010b）においては、欧州銀行のドル建てポジション拡大の要因として、欧州銀行が積極的に米ドル投資を行っていたのに対し、米銀の欧州通貨建て資産がほとんど拡大していないという「非対称性」にもあったと指摘されている（田中（2010a）、190-191頁；田中（2010b）、134-136頁）。

第4章

21世紀を揺るがせた金融危機
―サブプライム危機とユーロ危機―

1. サブプライム・ローンとは

　サブプライム・ローンとは，米国において，個人が金融機関からの借入やクレジットカードの申込をする際の与信審査に広く利用される，個人向け信用スコアであるFICOスコア[1]の点数が低い，相対的に信用度が低い（債務返済能力が低い）層向けの住宅ローンを指す[2]。

　サブプライム・ローンは，貸し手にとっては，デフォルト・リスク（債務不履行リスク）が高いローンのため，通常，金利は高くなる。しかし，この間，米国で普及したサブプライム・ローンは，例えば30年といった融資期間全体で見れば高金利となるものの，返済能力が低い人でも借りやすいよう，借入当初の2～3年は，通常よりも低い金利を適用し，数年間経過後に金利が跳ね上がる形態のローンが過半以上を占めていた。

　サブプライム・ローンは，2003年以降，増加が目立っている。米国の住宅市場は，2001年のITバブル崩壊にもかかわらず右肩上がりの成長を維持してきたが，プライム・ローンと言われる通常の住宅ローンは2003年をピークに伸びが鈍化していた。通常の住宅ローン市場が飽和するなか，その後の有望市場とされ，実際，積極的に融資されたのが，サブプライム・ローンであった。

　従来は銀行などの融資対象とはなりにくかった，信用度が低い層向けのサブプライム・ローンが急拡大した背景には，①当時まで右肩上がりだった住宅価格のほか，②証券化や信用デリバティブなど金融技術の発展がある。

まず，住宅価格との関係であるが，先述のとおり，サブプライム・ローンは当初数年間の返済金利を低目に設定されたものが多数を占めていた。そして，借り手は，担保価値である住宅価格が上昇し続けるという前提の下，数年間の優遇金利の終了後，借入当初の優遇金利を目当てに新規ローンに借り換えることが暗黙の前提とされていた。
　金利優遇措置が終了すれば，借り手は高金利の返済を行わざるを得なくなる。しかし，住宅価格が上昇している場合，借り手は，保有物件の担保価値の上昇を元に，新たな住宅ローンに借換することで，再び借入当初数年間の金利優遇期間を享受することができた。
　理論的には，住宅価格が上昇し続ける限り，借り手は金利優遇期間が終了するたびに借換を行うことで，長期に亘り，返済は低金利で事足りることになる。さらに，貸し手の観点から見ると，かりに借り手が債務不履行になった場合でも，担保物件の価格が上昇していれば元本回収は容易となるため，住宅ローンの与信審査も甘くなっていた面もあった。このように，サブプライム・ローンは，借り手にとっても貸し手にとっても，住宅価格の上昇という前提に大きく依存した商品であった。
　また，金融技術との関係であるが，サブプライム・ローンの場合，融資した金融機関がそのままバランスシートに抱えていてはリスクが大きいため，全体の75％程度がサブプライムMBSとして証券化されている[3]。貸し手にとっても，サブプライム・ローンを実行しても，証券化主体に売却することで，バランスシートから信用リスクを切り離すことができるため，積極的な融資も可能となった。

2. サブプライム危機の顕在化

　米国の住宅価格は2006年初をピークに下落に転じた。これを転機に，それまで拡大を続けてきたクレジット・ブームの歯車が大きく逆回転することになった。
　サブプライム・ローンの場合，上述のとおり，その多くは，商品設計上，住

宅価格の動向に大きく依存する形態となっていた。そして，実際住宅価格が下落を始めたことから，サブプライム・ローンの大量組成を可能にしてきたメカニズムが逆回転することになる。すなわち，米国の住宅価格が下落に転じたことで，この時期に金利優遇期間が終了する借り手の借換が一転して困難になった。金利優遇期間の終了は，「ペイメント・リセット」と呼ばれるが，ペイメント・リセットに伴い借換えができなかった借り手が一斉に返済不能になる，いわゆる「ペイメント・ショック」が発生した。ペイメント・ショックを迎えた借り手が次々と返済困難に陥った結果，2006年半ばより，サブプライム・ローンの延滞率は急速に上昇し始めた。

　プライム・ローンの延滞率は，2007年半ばまで2％台で推移していたのに対して，サブプライム・ローンは2004年から2005年の10％台を底に徐々に上昇を始め，2007年半ばには15％を突破し，リーマン・ショックが発生した翌2008年後半には20％台にまで急上昇した（図表4-1）。

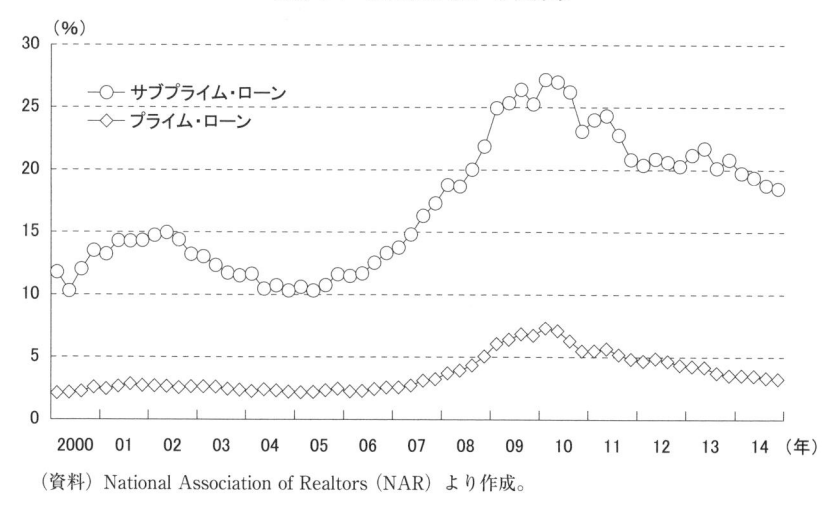

図表4-1　米国の住宅ローン延滞率

（資料）National Association of Realtors（NAR）より作成。

3. グローバル金融危機へ

　2006年初をピークとした米国の住宅価格下落に伴うサブプライム・ローンの延滞率の上昇は，2008年のリーマン・ショックに至る世界的な金融危機へとつながることになる。

　サブプライム・ローンの延滞率が上昇に転じるなか，2007年3月，サブプライム・ローンの組成を専門にしていた大手住宅ローン会社のセンチュリー・ワイドが破綻した。そして2007年6月，サブプライム関連証券化商品に投資していた米ベア・スターンズ傘下のヘッジファンド2社が資産運用に行き詰った。これを契機に，格付会社によるCDOに対する大量格下げが行われたこともあり，証券化商品の「投げ売り（ファイアー・セール）」が発生した。さらには，売りが売りを呼ぶ悪循環から，サブプライム関連の証券化商品ばかりでなく，住宅ローン以外の証券化商品価格も全般的に下落し始めた。同年8月には，ドイツの中小銀行であるIKB産業銀行の投資損失が明らかになった。そして，同月9日，仏BNPパリバ傘下の資産運用会社が一時的な資産凍結を発表し，これを契機に，グローバル規模で流動性危機が発生することになった。いわゆる，「パリバ・ショック」である。

　インターバンク金利の指標として，ロンドン・インターバンク・オファード・レート（Libor）と翌日物金利スワップ（OIS；Overnight Index Swap）とのスプレッドを見ると，2007年のパリバ・ショック以前は一桁台（0.01％台）で安定的に推移していたのに対して，パリバ・ショックの際には100ベーシス（1.00％）に跳ね上がっている（図表4-2）。ちなみに，リーマン・ショックの際には，スプレッドは350ベーシス超に拡大しているが，平時の水準（一桁台）から鑑みれば，パリバ・ショックの際の100ベーシスというスプレッド幅は異常な局面であった。

　パリバ・ショックに伴いインターバンク金利が急騰したことを受け，欧州中央銀行（ECB；European Central Bank）は欧州銀行の資金繰りを支えるため950億ユーロの流動性供給を実施し，FRBも240億ドルの流動性供給を行っ

図表 4-2　Libor, Euribor-OIS スプレッド

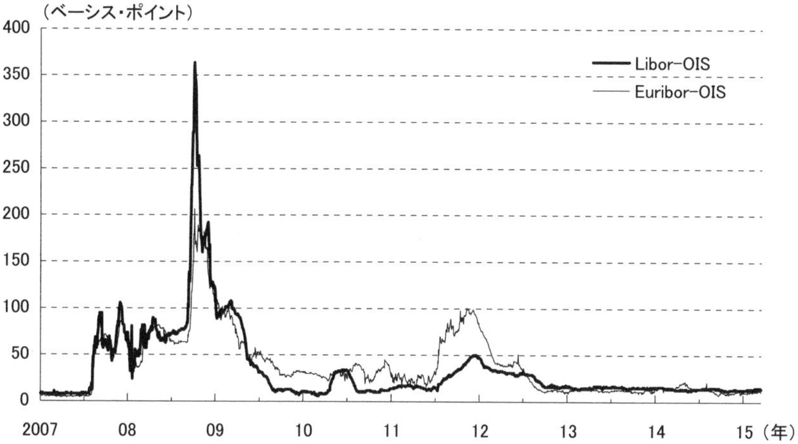

(注) Overnight Index Swap (OIS) とのスプレッド。
(資料) Bloomberg より作成。

た。また，FRB は，緊急会合を開催して公定歩合を 0.5％切り下げて 5.75％とし，翌 9 月にも FF 金利と公定歩合をともに 0.5％切り下げ，それぞれ 4.75％と 5.25％とした。

インターバンク市場はその後も不安定な状態が続き，21 世紀型 OTD モデルの下で積極的にトレーディング業務を展開していた欧米大手銀行は，バランスシートに保有していた証券化商品価格の下落に伴い，四半期決算毎に巨額の赤字を計上するようになっていた。さらに，証券化商品の多くは米ドル建てであり，とりわけ大手欧州銀行は，ユーロやポンドなど自国通貨以上に，米ドルの資金調達に苦労した。

そして，2008 年 3 月には，米投資銀行 5 位のベア・スターンズが資金繰りに行き詰まり，JP モルガン・チェースに救済合併された。その後，金融市場はやや落ち着きを取り戻したかにみえたものの，半年後の同年 9 月，米投資銀行 4 位のリーマン・ブラザーズもまた資金繰りに窮した。リーマン・ブラザーズの場合，結果的にはベア・スターンズを救済した JP モルガン・チェースのような存在は現れず，連邦破産法第 11 条を申請して破綻した。いわゆる「リーマン・ショック」は，パリバ・ショックなど過去 1 年間の出来事とは比べもの

にならないほどの規模での流動性危機をもたらし，他のグローバル大手銀行も一様に資金繰りに困難をきたす様になった。

　米国では，リーマン・ショックと同じ日に米投資銀行3位のメリルリンチが米バンク・オブ・アメリカに救済合併された。また，米投資銀行1位のゴールドマン・サックスと同2位のモルガン・スタンレーは急遽銀行持ち株会社を設立して銀行免許を取得することでFRBの監督下に入り，中央銀行の流動性供給手段へのアクセスを確保した。さらに，モルガン・スタンレーは，日本の三菱UFJフィナンシャル・グループより90億ドルの出資を受けることで，信用補完を行った。

　パリバ・ショック以来問題となっていた欧州銀行など米国以外の銀行の「ドル不足」に対しては，FRB, ECB, イングランド銀行（BOE；Bank of England），スイス国立銀行（SNB；Swiss National Bank），カナダ銀行，日本銀行など主要国の中央銀行間で米ドルの通貨スワップ協定を締結・拡充し，中央銀行経由で米ドルを供給する体制が組まれた。

　リーマン・ショック以降の欧米を中心とした各国政府による公的資本注入や銀行債務保証などの包括的な金融危機対策の結果，グローバル金融システムが落ち着きを見せ始めるのは，年が明けた2009年に入ってからである。

　しかし，この間の出来事は欧米大手銀行の体力を低下させ，金融システムの機能停止に伴う資金パイプの目詰まりから実体経済を悪化させた。その後は，実体経済の悪化に伴う不良債権比率の上昇という古典的な金融危機のフェーズに移行することになる。さらに，欧州では，銀行の体力低下やバランスシートの脆弱性の露呈が，後のユーロ危機につながることになる。

4. サブプライム危機の本質

　2007年6月来の出来事を，第1段階：ベア・スターンズ傘下のヘッジファンド問題（2007年6月）〜リーマン・ショック（2008年9月），第2段階：リーマン・ショック〜2008年末/2009年初，第3段階：2008年末/2009年初〜，の三段階に区分すると，第1段階では，米国の証券化商品市場に深く関

与していた金融機関中心の流動性危機だったのに対して，第2段階では，流動性危機の影響が金融市場にアクセスする全ての金融機関に拡大し，一部の金融機関の資本不足が懸念される健全性危機の段階へと深刻化した。そして，第3段階では，金融機関の体力疲弊を通じた実体経済悪化が，さらに銀行の不良債権比率を上昇させるという，古典的な金融危機の段階に入っている[4]。

サブプライム危機が流動性危機から健全性危機へと深刻化し，かつその影響が震源地の米国から欧州へとグローバルに拡大した要因については，①金融監督・規制の問題，②債権売却を前提とした安易な与信審査など証券化にかかわる問題，③格付の不適切性など格付会社の問題，④証券化商品価格を加速度的に下落させた時価会計の問題など，様々な点が指摘できる[5]。とはいえ，欧米大手銀行が21世紀型OTDモデルを通じてサブプライム・ローンを元にした証券化商品の組成や販売に関与していなければ，グローバルな金融危機にはならなかったであろう。この意味で，サブプライム危機の本質は，欧米大手銀行の21世紀型OTDモデルというビジネスモデルそのものにあったと言えよう。

サブプライム危機の顕在化により，21世紀型OTDモデルの限界や課題が明らかになった。すなわち，①トレーディング依存型モデルの限界，②資金調達構造の課題，③シャドーバンキングとの相互依存関係の課題，である。さらに，④ドル不足の顕在化によりグローバル化の問題も明らかになった。

(1) トレーディング業務依存型モデルの限界

21世紀型OTDモデルにおいては，トレーディング業務で収益を獲得するために，リテール業務や系列住宅ローン会社で組成したサブプライム・ローンを証券化商品に加工するなど，トレーディング収益拡大のために他業務が補完的役割を担うトレーディング至上主義型モデルとなっていた。ただし，当時トレーディング業務で高収益が獲得できたとはいえ，取り扱うプロダクツの価値変化から無縁ではいられない。欧米大手銀行は，21世紀型OTDモデルの下，トレーディング業務での売れ筋プロダクツの組成のため，住宅ローン会社を買収してまでサブプライム・ローンを買い集めたものの，住宅価格の下落ととも

に裏付け資産の価格が急落し，①証券化商品を組成するために在庫として保有していたサブプライム・ローン，②機関投資家相手のマーケット・メイク目的で保有していた証券化商品，③自己勘定取引として保有していた証券化商品，の価格が急落し，巨額損失の計上を余儀なくされた。

2000年代のクレジット・ブームは，新規産業の勃興に基づくものではなく，低金利や金融技術の発展という追い風の下，住宅市場やハイリスクの企業向け貸出などあくまで既存市場を舞台に，従来以上にハイリスクな分野まで与信や投資を行うという信用的裾野の拡大によるものであった。証券化や信用デリバティブによるリスクの組み換えは，リスクの分離・細分化・分散を通じた資源の効率的配分が期待できるものの，リスクは消滅しておらず，原資産が有する本源的価値を増加させるわけではない。原資産の価値の変化に基づくものでなかった以上，結果的には持続的成長は困難であったと言わざるを得ない。トレーディング業務での収益増大を目的としたモデルである21世紀型OTDモデルも，結局は原資産の価格下落によりビジネスモデルの維持は不可能となり，原資産や実体経済の動向と独立して存在することはできないことを改めて確認させられることになった。

(2) 負債構造の脆弱化

パリバ・ショックに伴うインターバンク金利の高騰は，安価な短期の市場性資金によるファイナンスを前提としていたビジネスモデルがあっけなく否定されることになった。

さらに，バランスシートの資産側にある証券化商品価格の下落を発端とした負債側での資金調達の困難化は，換金のための資産の投売りを通じてますます証券化商品価格の下げ足を加速させ，それがさらなる資金調達困難をもたらすという，バランスシート上の資産と負債の悪循環が形成されることになった。

(3) シャドーバンキングとの複雑な取引関係

21世紀型OTDモデルの下では，資産・負債両面でシャドーバンキングとの複雑な取引が形成されていた。

資産面では，トレーディング業務の顧客であるヘッジファンドなどとの間で多くの取引を行っており，シャドーバンキングの変調もまた，取引相手のリスク（カウンターパーティー・リスク）の高まりとして自らの経営に跳ね返る構図となった。

さらには，負債面でも資金調達を MMF などのシャドーバンキングに依存していたため，シャドーバンキングの変調はまた，資金調達面での困難も同時にもたらした。

また，シャドーバンキングとの取引では OTC 取引が中心だったことも，取引の不透明性を高め，必要以上にカウンターパーティー・リスクを高めることにつながった。

結果的には，OTD モデルの下，市場を通じて多くの投資家に証券化商品を販売することで，リスク分散を通じて自らのリスクを低下させるとともに，金融システムの安定化にも貢献すると考えられていたものが，21 世紀型 OTD モデルの下では，自らバランスシートに証券化商品を抱え込むというリスクの「集中」と，シャドーバンキングを通じたリスクの「拡散」を通じて金融システムをさらに不安定化させるという皮肉な結果をもたらした[6]。

(4) グローバル化の課題

また，米国のサブプライム・ローンが，サブプライム MBS や CDO などを通じてグローバル金融システムに行き渡っていなければ，これまでの伝統的な金融危機と同様，影響は米国という地域レベルにとどまっていたかもしれない。しかし，実際には，パリバ・ショック，そしてリーマン・ショックは瞬時にグローバル金融システムを大きく動揺させ，その後は，米国ばかりでなくグローバルに実体経済を悪化させることになった。

米国の住宅ローンを原資産にした OTD モデルは，大手米銀ばかりでなく，80 年代より米国進出して投資銀行業務を強化してきた大手欧州銀行も積極的に行っていた。大手欧州銀行は，証券化商品組成のために在庫として抱えていた他，自らも自己勘定取引を行っており，危機が顕在化した際にドル不足をもたらした。

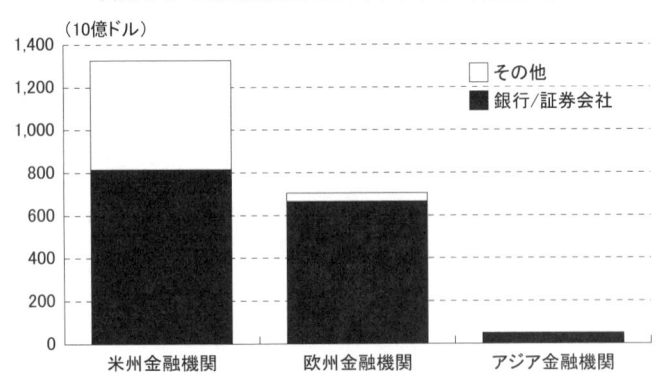

図表 4-3　金融機関所在地別のサブプライム関連損失額

(注)「その他」は，保険会社，GSE 等。
(資料) Bloomberg より作成。

　さらに，証券化商品は，機関投資家ばかりでなく貸出先不足に悩む欧州の中小銀行など他国の投資家も積極的に購入していた。ドイツの州立銀行など欧州の中小銀行を中心に運用対象として米国の CDO などに投資していたため，危機はグローバルに拡散することになった。

　地域別のサブプライム関連損失額は，米州金融機関が約 1.3 兆ドルと最大で，うち約 8,000 億ドルが銀行もしくは証券会社（投資銀行）が計上したものである。欧州金融機関も約 7,000 億ドル損失を計上するなど（うち，ほとんどが銀行もしくは証券会社），銀行と証券会社で見れば，欧米の損失額は同程度となっている[7]（図表 4-3）。

5. 2000 年代までの金融危機との違い

　欧米諸国で金融自由化が進展した 80 年代以降，先進国に限っても複数の金融危機が発生している。主なものでは，80 年代から 90 年代初頭にかけての商業用不動産価格の下落や長短金利の逆鞘に伴う米国の S&L 危機，90 年代前半の不動産バブル崩壊をきっかけにした北欧の金融危機，そして 90 年代後半の山一證券の破綻や翌年の日本長期信用銀行，日本債券信用銀行の国有化などを

もたらした日本の金融危機などである[8]。

ただし，これらの金融危機は，当事国の金融システムや実体経済にとっては大きな打撃となったものの，影響は基本的に一国単位にとどまり，サブプライム危機のようなグローバル金融危機には発展しなかった。

これらの危機がグローバルに波及しなかった要因としては，① いずれも貸出債権の不良債権化に伴う伝統的な金融危機であり伝播を防止するための時間的余裕があったこと，② サブプライム危機との対比で金融機関の業務的・地理的業務範囲が限定的だったこと，③ 金融機関同士の取引関係が複雑でなかったこと，が指摘できる。

伝統的な不良債権問題の場合，通常，不良債権比率は徐々にしか上昇しないため，銀行の財務基盤への影響もある程度の期間を通じて断続的に発生する。一方で，サブプライム危機の場合，保有する証券価格の急落が金融危機の引き金となったが，資本市場という価格が瞬時に反応する市場を介した結果，危機の伝播防止に向けた政策対応を講じるための時間的余裕が伝統的な金融危機に比べて圧倒的に少なかった。

また，米国のS&L危機，北欧危機，そして日本の金融危機においては，主体的プレーヤーはあくまで国内金融機関であり，外資系銀行の参入は限定的であった。

さらに，日本の金融危機では三洋証券がインターバンク市場でデフォルトを起こした結果，無担保コール市場が機能停止するなど金融市場は混乱したものの，後述するサブプライム危機で問題となったようなMMFやヘッジファンドなどの関与は限定的で，あくまで銀行と証券会社の問題にとどまっていた。

これまでの金融危機の多くでは，原因は商業用不動産貸出や企業貸出など法人向けの商業銀行業務であり，80年代以降，欧米大手銀行が強化していた投資銀行業務やリテール業務とは別の，商業銀行にとっての「伝統的業務」であった。このため，投資銀行業務とリテール業務の強化は，当時は，ビジネス・ポートフォリオの多角化を通じて，商業銀行業務からのリスク分散が図れるという点で，歓迎されるべき動きだったとみることもできる。

しかし，サブプライム危機により，グローバル・ユニバーサルバンクが変質

した21世紀型OTDモデルのリスクが顕在化した。サブプライム危機では，文字通り「投資銀行業務」が本業である米国の独立系投資銀行ばかりでなく，欧米の大手商業銀行グループも「投資銀行業務」発の巨額損失を計上した。このため，今回の危機は，「銀行と証券との業際規制の緩和」が原因だったとの見方も可能である。

サブプライム危機との関係では，証券化商品関連の損失が投資銀行業務で発生したことは間違いないものの，債券・株式引受などプライマリー業務とは直接関係は無い。収益全体に占める割合こそ小さいものの，伝統的業務は堅調であり，投資銀行業務が総崩れになったわけではない。この意味で，今回の危機と業際規制とを直接結びつけるのは適切とは言えない。

むしろ，問題の本質は，投資銀行業務のなかでも本来不安定なトレーディング業務に過度に依存する構造が許容された点にあり，グローバル・ユニバーサルバンクの変質にあったとの見方が妥当であろう。

6．ユーロ危機への連鎖

ユーロ危機の経緯を，第1段階：ギリシャの財政赤字隠蔽の発覚（2009年12月～），第2段階：スペイン，イタリア国債の利回り上昇（2010年半ば～），第3段階：フランス国債の利回り上昇（2011年半ば～），の三段階に区分して経緯を振り返りたい[9]。

2008年9月のリーマン・ショック後，各国中央銀行による大規模な流動性供給や大手金融機関への公的資金注入などの金融危機対策が奏功し，2009年に入ると，グローバル金融市場は，一旦は安定を取り戻した。しかし，ユーロ危機の第1段階として，2009年末に発覚したギリシャの財政赤字隠蔽を契機に，グローバル金融市場は再び動揺することになった。第1段階である2009年末から2010年前半にかけては，国債利回りが大きく上昇したのはギリシャだけであった（図表4-4）。

翌2010年1月には格付会社フィッチがポルトガルの格付見通しをネガティブに引き下げた。このようななかで，2010年5月にはギリシャの一次支援が

図表 4-4　欧州国債利回り

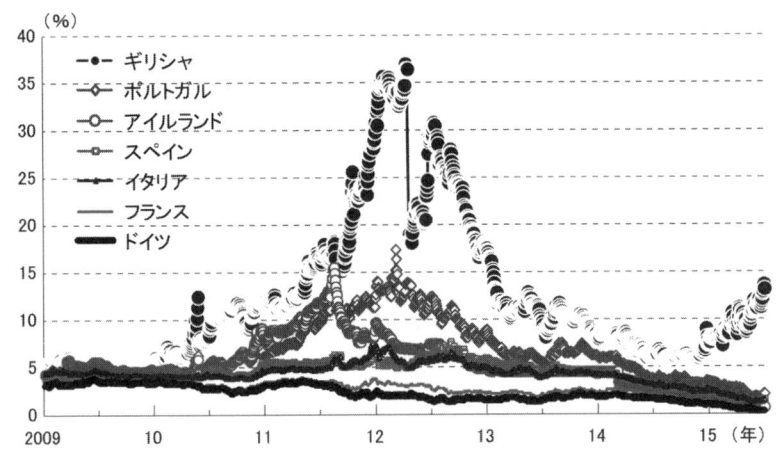

(注) 10 年物国債利回り (アイルランドは 9 年物)。
(資料) Bloomberg より作成。

合意されたが，金融市場の動揺は収まらず，逆に，公的債務返済能力に懸念があるユーロ加盟国として，ギリシャに加え，ポルトガル，アイルランドの他，南欧の大国であるイタリアとスペインの国債が標的にされ始めるなど危機は第2段階に入り，ポルトガル，イタリア，アイルランド，ギリシャ，スペインの英文表記の頭文字を組み合わせた PIIGS（あるいは GIIPS）諸国の国債利回りに上昇圧力がかかることになった。

このように，第2段階である 2010 年半ば以降は，自国国債であるギリシャ国債を保有するギリシャの銀行部門の他，PIIGS 諸国の国債を大量に保有しているとの連想から，欧州銀行全体の流動性調達が支障をきたし始めた。その後，EU，ECB，国際通貨基金（IMF；International Monetary Fund）によるギリシャ支援策で議論が紛糾するたびに市場が動揺するといった事態を繰り返し，その度に，銀行救済により大幅財政赤字を計上していたアイルランド，財政赤字が膨らんでいたポルトガル，南欧の大国であるイタリア，スペイン国債の利回りが急上昇するようになった。さらには，PIIGS 諸国の国債利回りの上昇に伴い，スペインの大手銀行が市場の標的となった。スペイン最大の銀行であるサンタンデールの CDS スプレッドは，2010 年半ばに 300 ベーシスにまで

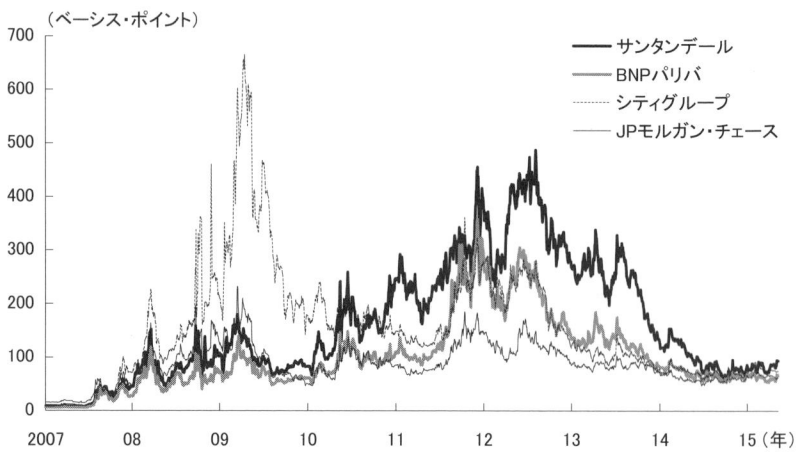

図表 4-5 欧米大手銀行の CDS スプレッド

(注) 5 年物シニア債。
(資料) Bloomberg より作成。

拡大している（図表 4-5）。

そして，2011 年 7 月のギリシャの第二次支援決定以降も，危機が収まるどころか，米国の MMF による資金引き揚げを契機に，BNP パリバ，ソシエテ・ジェネラル，クレディ・アグリコルというフランスの大手 3 行を中心とした資金調達危機に波及するなど，危機は第 3 段階に突入した。2011 年 11 月には，2008 年のリーマン・ショック後にフランス，ベルギー政府から公的資金を注入されていたデクシアが再び資金調達困難に陥り，フランス，ベルギー，ルクセンブルグ政府に救済され，分割・解体された。

欧州国債利回りの上昇が欧州銀行の信用不安につながったのは，直接的には，欧州銀行が自国を中心とする欧州国債を大量に保有していたためである。このようななかで，欧州各国政府は，動揺する銀行部門救済のために大量の公的資金を使用することは，一層の財政赤字拡大懸念から，ますます国債利回りを上昇させかねないというジレンマに直面し，統一通貨ユーロの下で金融政策を自由にできないなか，使用不安の沈静化に向けた政策手段を制約されるという深刻な事態に陥った。

ECB が，2011 年 12 月，翌 2012 年 1 月の二度に亘り長期資金供給オペレーション（LTRO；Long Term Refinancing Operations）を実施したことで，漸く市場の動揺が収まった。

その後，フランス大手 3 行やスペイン大手銀行への信用不安は収まったものの，さらなる景気悪化から不良債権比率の上昇に伴う「伝統的な金融危機」が，とりわけ景気悪化が顕著なスペインの銀行部門を襲い，スペインのカハ（Caja）と呼ばれる貯蓄金融機関の集合体であるバンキアが救済された。

欧州の信用不安が後退したのは，2012 年 9 月に ECB が国債購入プログラム（OMT；Outright Monetary Transaction）を発表して以降である。

このように，第 1 段階ではあくまでギリシャ危機で，ギリシャの銀行の問題だったものの，第 2 段階では南欧の危機となり，南欧の銀行部門が問題となった。さらに第 3 段階では，ユーロ危機の直接の当事国ではないフランス銀行に飛び火するに至り，脆弱な負債構造というサブプライム危機までの 21 世紀型 OTD モデルの遺産が再び問題化した。

7．ユーロ圏に連鎖した要因

ここでは，2007 年のサブプライム危機発生から 2 年を経て，金融危機がユーロ危機として欧州銀行に波及した要因を整理しておきたい。

サブプライム危機の際には，米銀ばかりでなく，欧州銀行も巨額の損失を被った。リーマン・ショック後，英国の RBS やロイズは大量の公的資金投入により実質的に国有化され，ドイツのコメルツ銀行やフランスの大手 3 行にも公的資金が注入されている（図表 4-6）。さらに，欧州経済も不況に突入し，英国やスペインを筆頭に，欧州各国の不動産価格も下落に転じている[10]。

このようななか，欧州銀行も，証券化商品などの損失処理や景気後退に伴う不良債権比率の上昇から経営体力を低下させていた（図表 4-7）。米銀の不良債権比率は，2009 年半ばから 2010 年をピークに下落に転じているのに対して，BNP パリバなどフランスの大手銀行の不良債権比率は，2010 年以降も上昇を続けている。

このようななか，リーマン・ショック以降，機関投資家のリスク許容度は低下したままで，市場のボラティリティの高さを指数化した VIX 指数も高めで推移するなど，金融市場は不安定な状態が続いており，欧州銀行が市場の標的

図表4-6　欧米大手銀行への公的資金投入額

国	銀行名	公的資金注入額 （10億ドル）	公的資金残額 （10億ドル）
米国	シティグループ	55.0	0.0
	バンク・オブ・アメリカ	45.0	0.0
	JPモルガン・チェース	25.0	0.0
	ウェルズ・ファーゴ	25.0	0.0
	ゴールドマン・サックス	10.0	0.0
	モルガン・スタンレー	10.0	0.0
英国	RBS	100.7	94.5
	ロイズ	70.9	70.9
ドイツ	コメルツ	24.3	8.9
フランス	BNPパリバ	6.8	0.0
	ソシエテ・ジェネラル	4.5	0.0
	クレディ・アグリコル	4.0	0.0
スイス	UBS	6.5	6.5

（注）公的資金残額は，2013年8月時点。
（資料）Bloomberg より作成。

図表4-7　欧米大手銀行の不良債権比率

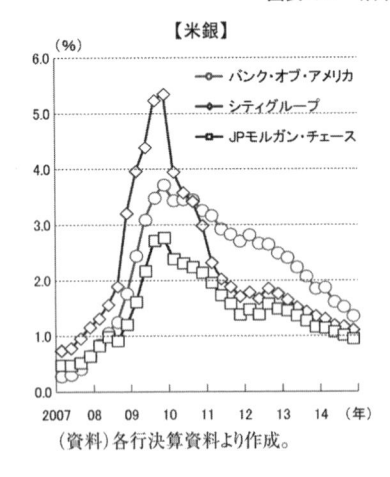

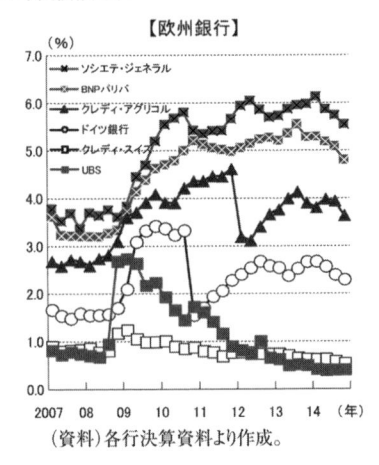

【米銀】　【欧州銀行】

（資料）各行決算資料より作成。　（資料）各行決算資料より作成。

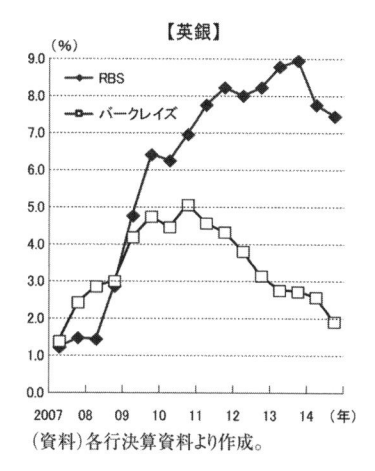

【英銀】

(資料)各行決算資料より作成。

にされやすい状況にあった（図表 4-8）。2009 年初には，各国当局の政策対応の効果もあり株価は反転したものの，売買高は低調で推移するなど投資家の投資意欲は低迷しており，ネガティブ・ニュースに反応しやすい状態が続いていた。

図表 4-8　VIX 指数の推移

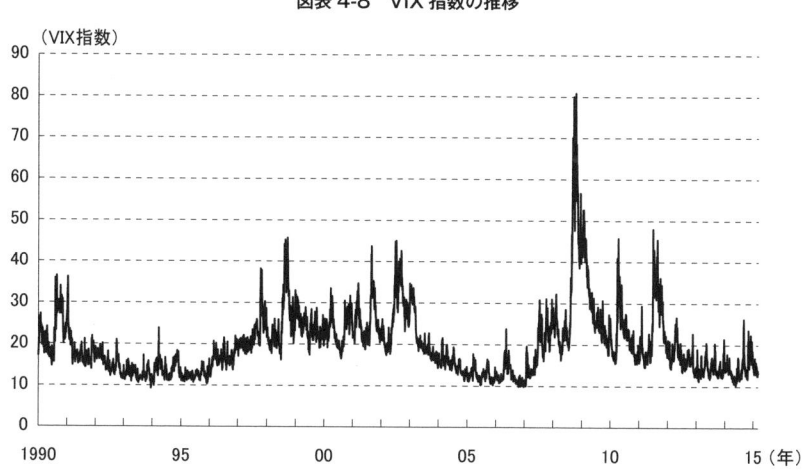

（注）シカゴ・オプション取引所が S&P500 対象のオプション取引の値動きを発表する指数で，数値が大きくなるほど投資家が将来の相場混乱を予想していることを示すとされている。
（資料）Bloomberg より作成。

とはいえ，ユーロ危機の第2段階に入ると，実体経済が急激に悪化していたギリシャの銀行や自国経済へのエクスポージャーが大きい中小銀行はともかく，相対的に経済環境が堅調な中南米諸国などへのエクスポージャーが大きいサンタンデール，BBVAというスペイン大手銀行が流動性困難に直面した。これは，一義的には，市場の標的となった南欧国債の保有額が相対的に大きく，国債保有自体が市場の標的となったためである。

銀行が，バーゼル規制への対応や流動性対策という観点から，バランスシートに国債を保有するのは極めて自然な行動である。バーゼル規制においては，国債にかかるリスク・ウェイトはゼロである。すなわち，国債をいくら購入しても自己資本比率を計算する際の分母となるリスク・アセットは変化しないため，自己資本比率を気にすることなく国債を購入することができる。このようななかで，当然のことながら，スペインの大手銀行はスペイン国債，イタリアの大手銀行はイタリア国債を大量に保有しており，自国国債の保有額は，概ね自己資本を上回る規模に達していた（図表4-9）

銀行は資産を保有する際，当該資産を用いた資金調達や，換金の必要性に迫られた場合に資産売却が容易かどうかといった流動性を考慮しつつ，資産構成を決定している。流動性という観点からは，国債はレポ取引の担保に広範に使われる資産であり，かつ流通市場も発達していることから市場での売却も容易である。流動性という観点では，通常，国債は，現金や中央銀行への預入金と同等の安全資産と考えられている[11]。

このようななかで，欧州銀行にとって，結果的にリスク管理上問題があったとすれば，ユーロ圏内であれば為替リスクは発生しないため，一部で高利回りを求めた南欧国債投資が行われたことであろう。

ユーロ危機は，流動性危機に至る要因として，保有する証券の価格下落が発端となったという点でリーマン・ショックと類似している。ただし，大手欧州銀行にとって不幸だったのは，市場の懸念が，リーマン・ショックの場合にはそもそもリスクが高いCDOなどの証券化商品であったのに対して，ユーロ危機の場合，平時は安全資産とみなされ，規制対応上からも積極的に保有していた国債にあった点にある。

図表 4-9 大手欧州銀行の欧州周辺国国債保有残高（2010年末時点）

(上段：金額（百万ユーロ），下段：（　）内　対自己資本比（%））

所在国	銀行	PIIGS国債	ギリシャ	アイルランド	ポルトガル	スペイン	イタリア	自己資本(2011年9月末)
ドイツ	ドイツ銀行	5,405 (15)	630 (2)	390 (1)	357 (1)	777 (2)	3,250 (9)	35,081
	コメルツ	13,673 (60)	2,945 (13)	15 (0)	978 (4)	1,746 (8)	7,989 (35)	22,690
フランス	BNPパリバ	31,975 (56)	4,236 (7)	279 (0)	1,694 (3)	2,884 (5)	22,881 (40)	57,210
	ソシエテ・ジェネラル	5,070 (16)	1,516 (5)	331 (1)	427 (1)	1,531 (5)	1,266 (4)	30,974
	クレディ・アグリコル	8,816 (18)	203 (0)	222 (0)	354 (1)	1,571 (3)	6,467 (13)	49,550
英国	バークレイズ	8,530 (18)	▲11 (0)	183 (0)	740 (2)	2,975 (6)	4,644 (10)	46,826
	RBS	1,456 (3)	950 (2)	218 (0)	70 (0)	▲291 -(1)	509 (1)	53,515
	HSBC	3,999 (4)	674 (1)	75 (0)	118 (0)	1,537 (2)	1,595 (2)	90,810
スペイン	サンタンデール	40,985 (105)	110 (0)	72 (0)	2,262 (6)	38,343 (98)	197 (1)	38,991
	BBVA	59,460 (229)	105 (0)	1 (0)	475 (2)	54,980 (212)	3,899 (15)	25,979
イタリア	ウニクレディト	52,087 (142)	395 (1)	56 (0)	▲11 (0)	2,054 (6)	49,593 (135)	36,682
	インテーザ	57,312 (175)	878 (3)	133 (0)	66 (0)	920 (3)	55,315 (169)	32,826

（注）自己資本は，CoreTier1（EBA 基準）。
（資料）European Banking Authority, "EU Capital exercise final results" より作成。

8. ユーロ危機の本質

　サブプライム危機がユーロ危機に連鎖した直接的な要因は，先でみたように，サブプライム危機の後遺症から欧州銀行の経営体力が低下していたことや，欧州銀行が利回り急騰に見舞われた南欧国債を保有していたことがある。

　ただし，それだけでは，第3段階において，フランスの大手銀行にまで流動性危機が波及した説明がつかない。

　ユーロ危機がフランスの大手銀行にまで波及した背景には，欧州銀行が抱える構造的要因として，80年代以来の投資銀行業務の強化や積極的なグローバ

ル化の結果，証券化商品や南欧国債といったバランスシートの「資産の質」ばかりでなく，資金調達構造という「負債の質」が脆弱となっていたことがある。すなわち，21世紀型OTDモデルの後遺症として，フランスの大手銀行などの欧州銀行は資金調達面で市場性資金調達への依存度が高く，金融市場が混乱した際の耐性が低いままであった。

　欧州銀行の市場性資金への依存度が高い理由は，①そもそも米国や日本に比べて自国市場が小さいこと，②自国市場が小さいゆえにグローバル化が進んでいたこともあるが，③大手米銀と競うように21世紀型OTDモデルを追求した結果，巨額の米ドルという外貨建てのトレーディング資産を保有していたこと，がある。

　そもそも，商業銀行業務においても，海外での預金の獲得はハードルが高い。支店網が地場銀行に劣ることからリテール預金の獲得が容易ではなく，また，ブランドネームが浸透していないことから，法人預金の獲得もまた簡単ではないためである。欧州銀行は，米国業務や，その他海外での業務を拡大するにつれ，基本的に市場から外貨を調達しなければならないバランスシート構造になっていた。

　クレジット・ブームのなかで21世紀型OTDモデルを進展させたことが，そもそも脆弱な資金調達構造をさらに不安定にさせることにつながった。結果として，欧州銀行においては，資金調達がその時々の金融市場の環境に影響される程度が大きくなり，サブプライム危機やユーロ危機など金融市場が混乱した場合，資金調達が逼迫する可能性が高まることになった。

　さらに，2011年にフランス大手3行が資金調達困難に陥った際には，市場性資金への依存度の高さに加え，米ドル調達を米MMFに大きく依存しているというファンディング面での脆弱性が市場の標的にされるなど，シャドーバンキング依存という21世紀型OTDモデルの後遺症が顕在化した。

　サブプライム危機とユーロ危機を経た現在，銀行は，市場性資金へ過度に依存する資金調達構造を維持することは困難になっており，21世紀型OTDモデルというビジネスモデルの再考を迫られている。

注

1 米国の Fair Isaac 社が開発した信用スコアで，① 返済履歴，② 負債総額，③ 信用履歴の長さ（クレジットカードの保有期間など），④ 新規与信額，⑤ 与信種類，という5つの変数に基づき，350～850点の範囲でスコア化されたもの（点数が高いほど，信用が高い）。
2 サブプライム・ローンには，住宅ローンのほか，自動車ローンやクレジットカード・ローンなども含まれるが，90年代後半からの米国の住宅ブームに伴い住宅ローンの分野で顕著に増加しており，本書では，サブプライム・ローン＝サブプライム住宅ローンの意味で用いている。
3 International Monetary Fund (2008a), p. 59.
4 第1，第2段階の区分については，岩田（2009），35-36頁を参考にした。なお，Bloomberg の集計によれば，2009年以降の欧米金融機関の損失内訳を見ると，証券化関連損失計上が一段落する一方，景気悪化に伴う貸倒引当金計上が高止まりするなど，それ以前とは様相が異なっているため，第2段階と区別している。
5 池尾（2010）においては，サブプライム危機の原因として，① マクロ経済的な不均衡（Global Imbalance）の拡大，② 長期にわたる緩和的な金融政策運営，③ 金融機関側のリスク管理をはじめとした内部統制体制の問題，④ 金融規制監督上の欠陥，といった要因が複合的に関わってもたらされた，と指摘されている（池尾（2010），5頁）。
6 中條（2010）において指摘されているとおり，CDO という証券化商品の複雑性自体がリスクを拡散したという側面も大きい（中條（2010），217-219頁）。
7 代田（2010）においては，欧州大手銀行は，米国を収益基盤に資産・負債両面でデリバティブなどの比重を高めた巨大なファンドと化していたと指摘されている（代田（2010），11-12頁）。
8 その他，新興諸国が関係する危機として，80年代の中南米の累積債務問題，97年のアジア通貨危機，同じく98年の大手ヘッジファンド LTCM（Long Term Capital Management）の破綻に伴う LTCM 危機などがある。
9 田中（2012）においては，欧州金融危機の発端を2007年のパリバ・ショックに位置付けており，第1段階をパリバ・ショックから2011年前半まで，第2段階を欧州危機がスペイン，イタリアを通じてフランスの銀行にまで波及した2011年夏場以降に区分されている（田中（2012），28頁）。本章では，ユーロ危機をサブプライム危機と分けた上で，2009年末のギリシャの財政赤字拡大を危機開始時点としているため，時期区分は異なっているが，田中（2012）を参考に，2011年半ば以降は次の段階に危機が深刻化したと位置付けている。
10 星野（2010）は，欧州における不動産バブルの破綻こそが欧州危機の本質と指摘している（星野（2010），27-29頁）。
11 代田（2012）において，欧州銀行による国債を中心とする債券保有額が，2008年，2009年に大きく増加していることが指摘されている（代田（2012），128-130頁）。欧州銀行にとっては，金融危機に伴う，安全資産であるはずの国債への「質への逃避」が裏目に出るという皮肉な結果となった。

# 第5章
新たなゲームのルールの下での欧米大手銀行の行方

1. 欧米大手銀行の問題点

　サブプライム危機とユーロ危機という連続した2つのグローバル金融危機を経て，21世紀型OTDモデルの問題が明らかになった。具体的には，①トレーディング依存型ビジネスモデルの限界，②銀行のバランスシート構造の問題，③取引の複雑性の問題，である。

　金融危機前後の欧米大手銀行の収益推移から明らかなように，トレーディング業務は，平時の収益水準こそ大きいものの，変動幅も大きく，不安定な業務である。トレーディング業務は，サブプライム危機が顕在化するまでは銀行グループの収益源であったものの，証券化商品価格が急落すると，損失額は銀行が破綻してもおかしくない水準にまで拡大した。

　理論的には，証券化の目的はリスク分散にあるにもかかわらず，21世紀型OTDモデルの下では，住宅ローン組成という「川上」業務から，証券化商品の投資家への販売という「川下」業務まで全て自らのグループ内に抱え込んでおり，リスク分散とは逆にリスクが集中する皮肉な構造となっていた。さらには，証券化商品の販売が目的化しており，住宅ローン組成の際の与信基準が緩むといった副作用も生じていた。

　そして，バランスシート構造という観点では，保有する証券化商品やユーロ危機の際の南欧国債などバランスシートの資産面ばかりでなく，資金調達という負債面の管理もまた重要であることが明らかとなった。とりわけ，銀行の資

産負債管理（ALM；Asset Liability Management）においては，銀行が通常抱える，「長期貸し・短期借り」という満期の乖離である「満期（長短）ミスマッチ」ばかりでなく，金融市場混乱時の「資産の換金性と負債の調達容易性の乖離」という「流動性ミスマッチ」が重要であることが改めて明らかとなった。サブプライム危機やユーロ危機の経験からは，証券化商品や，あるいは国債においても，市場環境の激変により流動性が一気に消滅する可能性があり，これに伴い，市場経由の資金調達も困難となることが明らかとなった。

　さらに，トレーディング業務で取り扱う証券化商品や複雑なデリバティブなどのプロダクツは，OTCデリバティブに端的に示されるように，取引所や清算機関を通さない，相対取引が主流である。トレーディング業務が拡大するにつれ，プロダクツの複雑性に加えて取引関係も複雑化し，グローバル化とも相まってカウンターパーティー・リスクが大きく高まり，金融システムを不安定化させた。

　このような背景から，リーマン・ショック後，欧米諸国を中心に，80年代以来の金融自由化の流れから一転して金融規制強化の必要性が声高に唱えられるようになっている。

2. 金融規制の内容

　サブプライム危機とユーロ危機というグローバル金融危機がわずか数年内に連続して発生し，結果として世界規模で景気後退に陥ったことを考えれば，危機の再発防止に向けた適切な規制が必要との考えに至るのは当然の帰結であろう。

　リーマン・ショック後に提案された金融規制の数や規制対象は極めて幅広である。大きくは，自己資本から資産・負債構造まで包括的にバランスシート構造の変革を求めるバーゼル規制の厳格化，銀行グループでの一部投資銀行業務の禁止や銀行からの分離などを求める業際規制，デリバティブ取引の透明性向上を求めるOTCデリバティブ規制などがある。

　まずは，バーゼル規制の厳格化であるが，2009年7月，バーゼル委員会

が，通称「バーゼル 2.5」と呼ばれる「バーゼルIIの枠組み強化に関する最終文書」を発表した。さらに，同年 12 月には，自己資本の質・量の強化，レバレッジ比率規制の導入，流動性規制の導入等を目指す，通称「バーゼルIII」の市中協議文書を発表し，翌 2010 年 12 月にバーゼルIIIの最終文書を公表した。

さらに，欧米諸国では，投資銀行業務に関して，自己勘定取引など一部業務の禁止や，銀行部門との分離を求めるなどこれまでの業際規制緩和とは逆行する提案がなされている。米国では，2010 年 7 月に成立したドッド・フランク法において，通称「ボルカー・ルール」と呼ばれる，自己勘定取引を禁止する条項が含まれている。また，英国では 2010 年 9 月に，独立委員会（ICB；Independent Commission on Banking）が，銀行グループ内において，トレーディング業務等のリスクが高い業務からリテール業務を分離（リテール・リングフェンス）することを求める最終報告書を提出した。この，通称ヴィッカーズ報告書に基づき，英国政府は 2013 年 2 月に法案を議会に提出している。そして EU では 2014 年 1 月，銀行グループ内で自己勘定取引の禁止やトレーディング業務の銀行本体からの分離を求める「銀行構造改革」が提案されている。

そして，OTC デリバティブ取引については，カウンターパーティー・リスクや透明性に対する問題提起がなされていたが，2009 年 9 月，G20 ピッツバーグ・サミットにおいて，標準化された OTC デリバティブ契約の中央清算機関（CCP；Central Counter Party）での清算，取引情報蓄積機関（TR；Trade Repository）への報告の実施が合意された。

その他，通称「リビング・ウィル（生前遺言）」と呼ばれる自行の清算計画書の定期的な策定など多様な規制が議論されている。

3. 金融規制の整理

金融危機後に提案されてきた一連の金融規制の整理方法は一様ではないものの，以下では，21 世紀型 OTD モデルの問題点に則して，① トレーディング収益依存型モデルの修正を求める規制（銀行グループ内のリスク遮断を目的と

した業務の禁止・分離など業際規制の強化），②資金調達構造の変化を求める規制（資金調達構造の強靭化），③シャドーバンキングなどとの取引の透明性向上を求める規制，に分けて整理したい。

(1) トレーディング収益依存型モデルの修正

トレーディング収益依存型モデルの修正を求めた規制には，①バランスシート構造の変更という間接的経路を通じた規制として，バーゼルⅢのうち，自己資本比率規制の質・量の強化，レバレッジ比率規制，リスク資産の算出におけるリスク・ウェイトの変更，②業務規制という直接的経路を通じた規制として，米ボルカー・ルール，英ヴィッカーズ報告書，EU銀行構造改革案，がある。

まずはバーゼルⅢについてであるが，2013年より日本やスイスなどで段階的導入が開始されている。バーゼルⅢにおいては，最低所要自己資本比率が引き上げられるばかりでなく，原則普通株から構成されるコア Tier1 比率の設定や，Tier1 自己資本に参入可能な要件が厳格化されている。さらには，「グローバルなシステム上重要な銀行（G-SIBs；Global Systemically Important Banks）」に認定された大手銀行に対しては，金融システム上の重要性に応じて，自己資本の1.0～3.5％の積み増しが求められる。バーゼルⅢにおける自己資本比率を満たすためには，従来以上に普通株を中心とした自己資本の保持が求められることになり，その分，事業に振り向ける資産の量を抑制せざるを得なくなる。G-SIBs に認定された大手銀行は負担がさらに増す構造となっている。

また，リスク・アセットの計測については，2011年末より導入が開始されたバーゼル2.5[1]の段階で，トレーディング資産に対するリスク・ウェイトは大きく上昇していた。バーゼル2.5では，証券化商品に対するリスク・ウェイトの増大に加え，保有証券等のマーケット・リスクの計測手法が変更され，従来よりもトレーディング資産に対するリスク・ウェイトが全般的に高まった。これに加えて，バーゼルⅢでは，さらに，デリバティブ資産に対して，信用評価調整（CVA；Credit Valuation Adjustment）と呼ばれる取引相手のカウン

ターパーティー・リスクを加味することが求められており，結果として，トレーディング業務の主力プロダクツのひとつであるOTCデリバティブに対してはより多くの自己資本が必要になっている。

さらに，レバレッジ比率規制の導入により，資産の種類に応じたリスク・ウェイトにかかわらず，資産総額に応じて一律に自己資本を積まなければならなくなる。レバレッジ比率規制の下では，自国国債など自己資本比率の計算上はリスク・ウェイトがゼロになる資産も計算式の分母[2]にそのまま反映されるため，最低基準の維持に向けて資産を抑制気味にせざるを得なくなる。とりわけ，リスク・ウェイトを掛けない総資産が大きく膨らむトレーディング業務への影響が大きいと見られている。

他方，直接的な業務規制としては，米ボルカー・ルール，英ヴィッカーズ報告書，EU銀行構造改革案，などがある。

米ボルカー・ルールとは，2010年7月成立のドッド・フランク法第619条を指す[3]。ボルカー・ルールの下では，銀行のトレーディング業務における自己勘定取引が禁止される[4]。米国債などは除外され，また，マーケット・メイク目的であれば禁止対象にはならないものの，従来と同様のトレーディング業務のなかには，当規定の禁止対象となる取引も含まれていたと考えられる。また，それぞれの取引に対して，ボルカー・ルール違反になるかどうかを判断するための細かな規定が課される予定であり，トレーディング業務を行うことへの業務負担が高まることになる。

また，英ヴィッカーズ報告書は，トレーディング業務などのハイリスク業務から，国内リテール業務や決済業務を保護するため，グループ内においてリテール業務をトレーディング業務などから分離して別途の法人として囲い込む（リテール・リングフェンス）ものである。一般個人保護のためにリテール銀行の自己資本要件が厳格化される他，トレーディング業務を含むその他の銀行に対しても，リテール銀行とは別途の自己資本比率規制や流動性規制がかかるため，銀行にとってはリスクテイクに向けた制約が高まる可能性が高い。

他方，EUの銀行構造改革案においては，トレーディング業務などを行う法人銀行を囲い込む（法的に分離する）という方法論の部分で，英ヴィッカーズ

報告書と異なるものの，リテール業務と法人銀行業務を分離するという目的は同じである。EU案においても，トレーディング部分は分社化や別途の自己資本要件等が課されることになり，銀行にとってはリスクテイク抑制要因となる可能性が高い。

(2) 資金調達構造の変化

資金調達構造の変化に向けては，バーゼルⅢにおいて，流動性規制が新たに手当てされている。

流動性規制は，「流動性カバレッジ比率（LCR；Liquidity Coverage Ratio）」，「安定調達比率（NSFR；Net Stable Funding Ratio）」，の2つから構成されている。このうち，LCRは，厳しいストレス下における30日間のネット資金流出額以上に，現金や中銀預金等の適格流動性資産の保有を求めるものである。また，NFSRは，資金の調達構造のミスマッチを防ぐため，資本や長期負債，リテール預金等の安定的な資金調達を一定程度確保するよう求めるものである。

LCRにより，銀行は，現金，中央銀行預金，国債，高格付債など，流動性が高い資産の保有が奨励されており，証券化商品などLCRの下では流動性が低いと見なされる資産の保有は抑制せざるを得なくなる。

また，NFSRの下では，預金や1年以上の長期借入など，安定的な資金調達手段による負債構成が求められており，レポ取引など短期資金による資金調達が一般的なトレーディング業務にとっては，やはり制約要因になる。

(3) 取引の透明性向上

OTCデリバティブ規制は，取引所を介さずに金融機関同士の相対で取引・清算されていたデリバティブ取引について，原則，CCPにて集中清算することを義務付けるものである。同時に，デリバティブ取引にかかる担保要件も強化されている。

背景には，シャドーバンキングを含めて金融機関同士の取引関係が複雑化していた結果，金融危機の際には，ひとつの金融機関が破綻すると自らの取引・

清算に支障をきたすとの懸念からカウンターパーティー・リスクが大きく高まり，流動性危機を増幅させたことがある。この反省にたち，金融システムの安定という観点から，金融機関同士の相対取引を縮小することでカウンターパーティー・リスクを低減させることを狙っている。このように，複雑な取引を簡素化・透明化することで，金融システムの安定性向上につながることが期待されている。

(4) その他

他方，リーマン・ブラザーズの破綻が，グローバル金融システムを大混乱に陥れるとともに，公的資金という税金を用いた銀行救済の引き金になったとの反省から，銀行の「秩序ある破綻」に向けた提言もなされている。

米国ではドッド・フランク法の下で連邦預金保険公社（FDIC；Federal Deposit Insurance Corporation）に銀行の清算処理権限が付与されることになっているが，銀行側に対しては，事前の破たん処理手続き（リビング・ウィル）の策定が求められる公算となっている。

また，欧州では，2012年6月に発表された欧州危機管理指令（CMD；Crisis Management Directive）の下，銀行破綻処理の際の債券保有者の損失可能性を明示化したベイルインが適用されるとされている。欧州委員会は，2013年7月，単一監督メカニズム（SSM；Single Supervisory Mechanism）を補完する単一破綻処理メカニズム（SRM；Single Resolution Mechanism）の具体案を発表し，このなかで，2015年1月より破綻処理基金の稼動を目指すとの考えを表明している。

4. 金融規制が銀行行動に与える影響

リーマン・ショック後の金融規制強化の結果，80年代以来続いてきた金融自由化の流れは，反転とまではいかずとも，少なくとも下方に「屈折」する可能性が高い。英国のヴィッカーズ報告書やEUの銀行構造改革案は，欧州の伝統であるユニバーサルバンク・モデルを部分的に否定しており，金融自由化の

流れを多少なりとも逆転させるとの評価もできるかもしれない。

　ポスト金融危機における金融規制は，銀行に対して，「バランスシート（資産・負債）構造の変化」，「収益構造の変化」，を迫り，結果として銀行のビジネスモデルの変更につながることになる。そして，金融規制は，とりわけ，投資銀行業務に与える影響が大きいとみられている（図表5-1）。

　すなわち，バーゼルⅢは，自己資本比率規制の強化やリスク・ウェイトの厳格化を通じてトレーディング業務を制約し，流動性規制を通じてバランスシート構造に変化を迫る。バランスシート面からみると，そもそも金融規制の目的のひとつはリスクテイクの抑制にあり，バーゼルⅢの下では，バランスシートの資産側に計上できる資産のリスク量は，自己資本を積み増さない限り，削減せざるを得ない。同時に，負債側では，流動性規制の下では，CPやレポ取引など比較的新しい市場性資金調達は流動性の観点からリスクが高いとされており，トレーディング資産の資金調達は従来以上に制約が多くなっている。

　また，収益面では，まだ導入前で不確実な部分があるとはいえ，ボルカー・ルールなどは一部業務の遂行を不可能にさせる。同様に，ヴィッカーズ報告書は，リテール業務との分離やこれに伴う追加的な負担を通じて，トレーディ

図表5-1　主な金融規制の影響（IMF）

		バーゼルⅢ 自己資本比率規制	バーゼルⅢ レバレッジ比率規制	バーゼルⅢ 流動性規制	米ボルカー・ルール 英リテール・リングフェンス	OTCデリバティブ規制
金融仲介機能	商業銀行	↓	↓	↓		
	投資銀行	↑↓	↑↓	↓	↓	↓
	ノンバンク	↑	↑	↑		↑
業務の規模と範囲	規模	↓	↓	↓	↓	↓
	複雑性	↓		↓	↓	↓
	関連性	↓		↓	↓	↓
競争	効率性	↑↓		↑↓		↑↓
	寡占化	↑	↓		↓	↑

（注）↑：プラス効果，↓：マイナス効果。
（資料）IMF, "Global Financial Stability Report Oct 2012," p. 85 より作成。

ング業務の業務遂行コストを上昇させる。また，OTC デリバティブ規制に伴い，透明性の向上が期待できる一方，これまで不透明だった価格が透明化し，銀行にとっての売買利鞘が低下するとの指摘もある[5]。

銀行は，バランスシートの制約　収益面の制約のなか，これまで追及してきたビジネスモデルの在り方，シャドーバンキングとの関係，グローバル化といった点を見直す必要に迫られている。

5. ポスト金融危機における新たなゲームのルール

ポスト金融危機においては，実体経済の悪化や市場環境の変化，そして金融規制の強化に伴い，欧米大手銀行は金融危機前までのビジネスモデルの再構築に迫られている。

実体経済の悪化や市場環境の変化は，いずれは好転するという意味で循環的要因であるのに対して，金融規制の強化は，当面転換が望めない可能性が高いという意味から，構造的要因と言える。

まずは，循環的要因，構造的要因それぞれに対する欧米大手銀行の対応を整理したい。

(1) 循環的要因

ポスト金融危機において欧米大手銀行を取り巻く循環的要因として，① 景気動向，② 金利環境，がある。

まず，景気動向に関しては，2007 年に顕在化したサブプライム危機から約 8 年を経ても，依然，先進国経済は本格回復には至っておらず，とりわけ，サブプライム危機に続いてユーロ危機に見舞われた欧州景気は弱い状態が続いている。景気回復が緩慢ななかでは，企業や家計部門の資金需要の減退に加えて，不良債権処理などの与信関連費用がかさむことになり，収入の減少と費用の増加という双方から，銀行の収益には下押し圧力がかかる。

また，金利環境に関しては，金融危機対策として，FRB，ECB，BOE など各国中央銀行が大量の流動性供給を実施した結果，主要国の短期金利はゼロ近

傍に低下している。そして，同時に実施されている国債等の長期債の買い入れから長期金利も低下しており，短期借り・長期貸しという銀行の伝統的預貸業務の収益源となる長短金利差が縮小し，銀行の純金利収入の下押し圧力となっている。さらに，機関投資家も総じてリスク回避的であり，トレーディング業務の収益源のひとつである取引量も依然本調子ではない。欧米大手銀行の業績を見ると，収入面である純収入（純金利収入＋非金利収入）が2009年から2010年をピークに減少傾向にあることが分かる（図表5-2）。

このように，収入面が伸びない環境下で利益を確保するためには，費用面を圧縮するしかない。このため，欧米大手銀行は，利益捻出に向けて，不採算部門の縮小，人員整理，その他経費の削減を実施している。

ただし，循環的要因に伴う収益下押し圧力は，景気の本格回復や長短金利差の拡大局面が到来すれば，いずれ緩和される。

2013年に入ると，米国では住宅市場の回復が継続するとともに，家計部門のバランスシート調整が進展している。また，欧州でも，2011年末から2度に亘るECBによるLTROや2012年9月のOMT発表の後，金融市場は安定

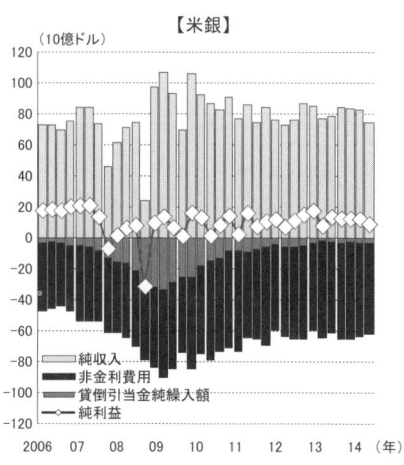

図表5-2　欧米大手銀行の業績

(注) 【米銀】JPモルガン・チェース，バンク・オブ・アメリカ，シティグループ，ゴールドマン・サックス，モルガン・スタンレーの合計。
(資料) 各行決算資料より作成。

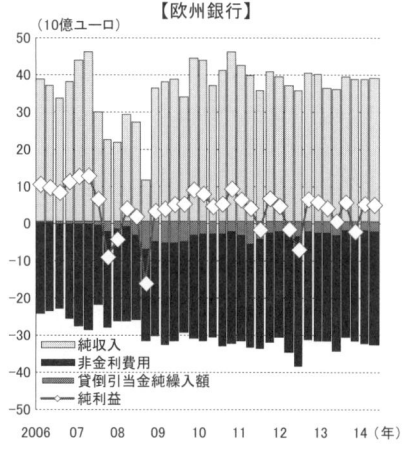

(注) 【欧州銀行】ドイツ銀行，BNPパリバ，クレディ・アグリコル，ソシエテ・ジェネラル，UBS，クレディ・スイスの合計。
(資料) 各行決算資料より作成。

【英銀】

(注) バークレイズ、RBS、の合計。
(資料) 各行決算資料より作成。

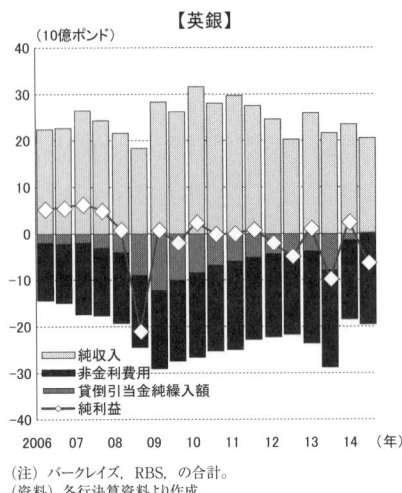

を取り戻し、2014年は南欧諸国を含めた景気回復が見込まれている。

今後、景気回復が力強さを増すとともに、長短金利差が順調に拡大してゆけば、循環的要因に伴う収益下押し圧力はいずれ解消されるであろう。

(2) **構造的要因**

他方で、ポスト金融危機においては、欧米大手銀行にとって、金融規制の強化という構造変化が生じている。とりわけ、金融規制の影響が大きい投資銀行業務の利益は、2009年に一旦は回復したものの、その後は再び低迷していることが見てとれる（図表5-3）。

例えば、バーゼルⅢは、2013年よりスイスや日本などで段階的導入が開始されているが、全面適用されるのは2019年であり、最低でもそれまで規制が強化され続けることになる。また、欧米諸国を中心に、依然として金融危機を引き起こした銀行に対する世論の反発が続くなか、金融当局が再び規制を緩和する可能性は現状低い。

このようななか、欧米大手銀行は、「新たなゲームのルール」である金融規制の強化に対応したビジネスモデルの再構築を迫られている。

5. ポスト金融危機における新たなゲームのルール　　85

図表 5-3　欧米大手銀行のビジネスライン別利益

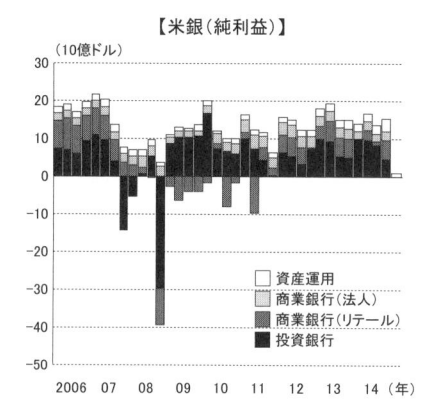

【米銀（純利益）】

（10億ドル）

凡例：資産運用／商業銀行（法人）／商業銀行（リテール）／投資銀行

(注) 1　JPモルガン・チェース，バンク・オブ・アメリカ，シティグループ，ゴールドマン・サックス，モルガン・スタンレーの合計。
　　 2　投資銀行は，シティグループの「不良資産管理」を合算。
　　 3　商業銀行（ホールセール）は，中堅法人の他，トランザクション業務等も含む。
　　 4　ゴールドマン・サックスのみ，税引前利益。
(資料) 各行決算資料より作成。

【欧州銀行（税引前利益）】

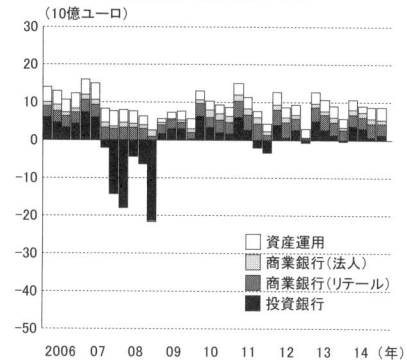

（10億ユーロ）

凡例：資産運用／商業銀行（法人）／商業銀行（リテール）／投資銀行

(注) 1　ドイツ銀行，BNPパリバ，クレディ・アグリコル，ソシエテ・ジェネラル，クレディ・スイス，UBSの合計。
　　 2　投資銀行は，ソシエテ・ジェネラル，クレディ・アグリコル，の「不良資産管理」を合算。
　　 3　商業銀行（ホールセール）は，中堅法人の他，トランザクション業務等も含む。
(資料) 各行決算資料より作成。

【英銀（税引前利益）】

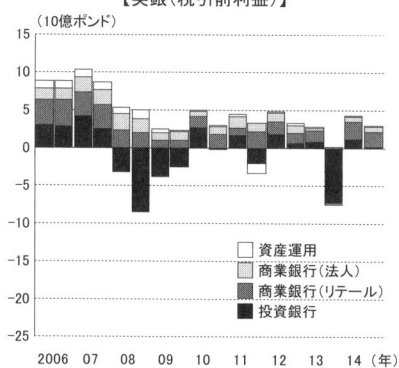

（10億ポンド）

凡例：資産運用／商業銀行（法人）／商業銀行（リテール）／投資銀行

(注) 1　バークレイズ，RBSの合計。
　　 2　投資銀行は，RBSの「不良資産管理」を合算。
　　 3　商業銀行（ホールセール）は，中堅法人の他，トランザクション業務等も含む。
　　 4　バークレイズの資産運用部門（BGI）売却益控除後の数値。
(資料) 各行決算資料より作成。

6. 金融規制強化に向けた欧米大手銀行の対応

　銀行業界を巡っては，世界中で数多くの金融規制が提案され，断続的に施行が開始されている。
　ここでは，前節で見た，金融規制を前提として，欧米大手銀行がどのようにビジネスモデルを変化させているかを見ていきたい。
　金融危機で顕在化した欧米大手銀行のビジネスモデルの問題は，大きくは，① トレーディング収益依存度の高まり，② 市場性資金調達依存度の高まり，③ シャドーバンキングとの複雑な取引関係の形成，にあった。
　そして，これらの問題点に対応する金融規制を見ると，トレーディング業務に対しては，バーゼル 2.5，バーゼルⅢにおけるリスク・ウェイトの変更とレバレッジ比率規制やボルカー・ルールなどの業務規制が業務に大きな影響を与えている。また，資金調達構造に対しては，バーゼルⅢにおける流動性規制が新たな制約要因となっている。そして，複雑な取引関係に対しては，バーゼルⅢにおける OTC デリバティブ規制などが透明性向上策として手当てされている。
　以下では，これらの規制がどの様に欧米大手銀行の業務に影響しているかを整理する。

(1) トレーディング業務への影響

　まずは，バーゼル 2.5 におけるマーケット・リスクとバーゼルⅢにおけるカウンターパーティー・リスクにおけるリスク・ウェイトの変更の影響を見たい。
　UBS の発表資料によると，2011 年 9 月末時点の資産に対してバーゼル 2.5 を適用した場合，リスク・アセットは，バーゼルⅡ基準の 2,070 億スイス・フランから 2,840 億スイス・フランへと約 40％増加するが，この増加分のほぼ全額が投資銀行部門のトレーディング資産である（図表 5-4）。さらに，同時点でバーゼルⅢを適用した場合には，リスク・アセットは，4,000 億スイス・フ

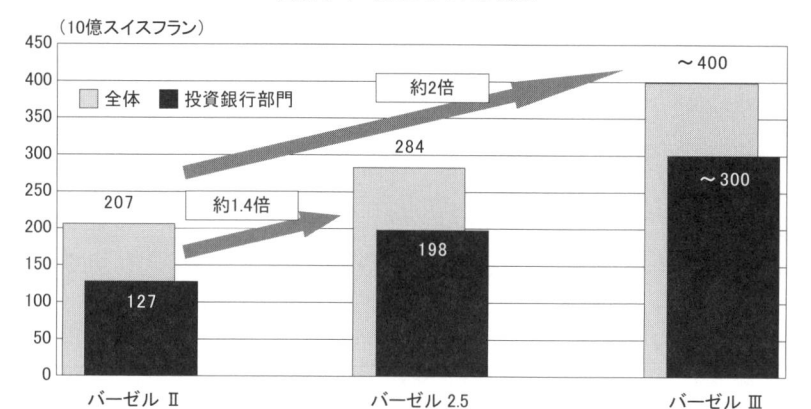

図表 5-4　UBS のリスク資産

(10億スイスフラン)

バーゼル Ⅱ：全体 207、投資銀行部門 127
バーゼル 2.5：全体 284、投資銀行部門 198（約1.4倍）
バーゼル Ⅲ：全体 ～400、投資銀行部門 ～300（約2倍）

(注) 2011年9月末時点の数値より，UBS が計算。
(資料) UBS, "Finance," Investor Day 2011, November 17, 2011 より作成。

ランに倍増すると試算されている。

　バーゼルⅡとバーゼルⅢを比較すると，UBS のケースではリスク・アセットは倍増しており，自己資本が不変との前提で単純計算すれば，同じ資産内容でも，バーゼルⅢ導入後には，自己資本比率は半減してしまうことになる。前章で述べたように，バーゼル2.5やバーゼルⅢでリスク・ウェイトが増加するのは，トレーディング業務で取り扱う証券化商品やデリバティブなどのトレーディング資産が中心である。このため，UBS は，2012年10月，債券トレーディング業務から実質的に撤退する決断を下した。また，UBS のように撤退まではいかないものの，トレーディング業務の比重が高いドイツ銀行，英バークレイズ，クレディ・スイスなどは，バーゼルⅢ対応に向け，トレーディング資産を中心とした資産削減を急いでいる。

　また，レバレッジ比率規制の導入も，トレーディング業務への新たな制約要因となっている。レバレッジ比率規制は，リスク・ウェイトを掛けないプレーンな資産を分母に自己資本比率が計算されるため，大量のトレーディング資産を保有しているほど，銀行のレバレッジ比率は低下することになる。

　このようななかで，ドイツ銀行は，2013年4月に28億ユーロの増資を発表するとともに，同7月にはノンコア（不良資産管理）部門を設立し，トレー

88　第5章　新たなゲームのルールの下での欧米大手銀行の行方

図表 5-5　自己勘定（プロップ）取引部門の切り離し事例

銀行名	主な動き
ゴールドマン・サックス	■2007年，プロップ部門のトレーダーを資産運用部門に異動 ■2010年に9名のプロップ・トレーダーがKKRに移籍 ■数名の在アジアのトレーダーが香港拠点のヘッジ・ファンドを設立
モルガン・スタンレー	■社内最大のプロップ部門（Process Driven Trading(PDT)）のスピン・オフを検討中
JPモルガン・チェース	■2010年，プロップ・トレーダー（株式，エマージング市場，ストラクチャード商品）を資産運用部門に異動し，オルタナティブ投資グループを形成
バンク・オブ・アメリカ	■プロップ・トレーダー全体の約1/3に相当する20-30名のトレーダーの他部門への異動を実施中
シティグループ	■24名のプロップ・トレーダーのカスタマー・デスクを含む他部門への異動を実施中

（資料）The Banker, Jan 2011 より作成。

ディング資産を中心に2,500億ユーロの資産削減を行うことを発表した。また，英バークレイズも，同7月に58億ポンドの割当増資と800億ポンドの資産削減策を発表した。

　さらに，米ボルカー・ルールへの対応も進んでいる。2011年7月の米ドッド・フランク法成立以前から，過度のリスクテイクの象徴のひとつとされた自己勘定取引（プロップ取引）に対する政治家や監督当局等からの批判を受け，米銀を中心にプロップ取引部門の廃止やスピンオフ，あるいはプロップ・トレーダーの退社が相次いでいる（図表5-5）。さらには，トレーディング業務における証券売買において，監督当局に対して「プロップ取引ではない」ことを証明するための報告体制構築に向けた動きが進められている。

(2)　資金調達構造への影響

　バーゼルIIIにおける流動性規制も，間接的にトレーディング業務を制約している。トレーディング業務は，資金調達手段として，これまでレポ取引やCP発行など主に短期の市場性資金に依存してきた。しかし，流動性規制の導入に伴い市場経由の資金調達にはこれまで以上に制約が課されることになる。

各行は，流動性規制に対応するため，バランスシートの負債側において，預金や長期債の発行など安定的資金の比重を高めるとともに，資産側でも資産圧縮を行う誘引が働いている。

(3) OTC デリバティブ取引への影響

　OTC デリバティブ規制に対応すべく，各行はこれまで相対で取引・決済されていたデリバティブ取引のうち，標準的なものについてはデリバティブ契約の取引所取引への移行，CCP での清算，TR への報告義務が課せられることになっている。さらに，CCP 清算されない取引については担保要件が強化されるなど，取引条件が厳格化されている。

　OTC デリバティブ取引は，従来トレーディング業務における大きな収益源となってきた。このようななかで，デリバティブ契約の取引所取引や CCP 清算は売買利鞘の縮小につながる可能性が高く，TR への報告義務は規制遵守コストを増加させる。さらに，非 CCP 清算の取引については担保要件が厳格化されることから，取引コストを高めることになる。

　このようななかで，欧米大手銀行においては，一部の OTC デリバティブ取引から撤退，縮小するといった動きが出始めている。

7. ビジネスモデルの見直しと再構築のプロセス

　ポスト金融危機における金融規制の多くは，金融危機を引き起こした欧米大手銀行のビジネスモデルの問題点の是正を目的としている。このため，危機の直接の原因となったトレーディング業務を行っている投資銀行部門への影響が最も大きくなっている。このようななか，欧米大手銀行におけるビジネスモデルの再構築においては，投資銀行部門が見直しの中心となるのは当然の帰結である。

　ただし，以下で見るように，見直しの対象は投資銀行部門だけではなく，グループ全般に亘っている。背景には，バーゼルIII対応に向けて，投資銀行部門以外の資産圧縮や負債構成の変化が必要になるといった理由もあるが，より重

要なのは，グループ全体での収益力の維持に向けては，単に投資銀行部門だけ見直せば良いとは限らないことがある。これまで欧米大手銀行は，商業銀行業務と投資銀行業務を包摂するグローバル・ユニバーサルバンク化を進めてきたため，単に投資銀行部門を縮小しただけでは，収益力の低下はもちろん，残された部門が有効活用されない可能性がある。このため，欧米大手銀行は，ビジネスモデル全体を再構築することで，グループ全体で収益力を確保することが求められている。

グループ全体での収益力確保という目的に向け，欧米大手銀行は，投資銀行部門やリテール部門など各部門に属する個々の業務やプロダクツについて，新たな規制の下での収益性等を細かく「精査」して取捨選択を行うとともに，精査を通じて残った業務やプロダクツの最適な「組み合わせ」を追求することで，収益力を維持することを目指している。

なお，各行が，ビジネスモデルを再構築するプロセスにおいて，「精査」ばかりでなく「組み合わせ」を行っているのは，これまで業務範囲を拡大してユニバーサルバンクを目指してきた歴史的経緯からも明らかである。

すなわち，各行がこれまでグローバル・ユニバーサルバンクを目指してきた背景には，従来強みを有してきたコア業務に特化していただけでは，持続的な収益成長が困難になったためである。80年代以来，欧米の商業銀行が投資銀行業務を強化してきたのは，直接金融の進展の結果，大企業取引を中心に伝統的な預貸業務の収益性が低下したためである。さらに，90年代に入ると，投資銀行部門内でもトレーディング業務が強化されてきたのは，債券や株式の引受などの伝統的な投資銀行業務の収益性もまた下落基調となっているためである。精査の結果として，既存ビジネスの縮小やコア業務に原点回帰しただけでは，持続的な収益成長の実現は難しい。このため，各行は，精査の結果残った業務やプロダクツを組み合わせることで，グループ全体としての収益力の向上を目指している。

(1) 「精査」のプロセス

精査に用いる基準や数値は各行毎に異なり，当然のことながら外部には公開

されていないが、収益性、効率性、安定性等の観点から精査が行われ、当該業務やプロダクツの、①拡大、②維持、③改善、④縮小・撤退、等が判断されている。

例えば、HSBC の場合、既存の業務を、①他業務との関連性、②成長性、③収益性、④効率性、⑤流動性、という5つの基準で評価し、当該業務の取扱を判断している（図表5-6）。このような業務の精査の結果、HSBC においては、2012 年2月には日本、2013 年7月には韓国のリテール業務からの撤退が発表されている。

また、先述したとおり、UBS では、債券トレーディング業務から実質的に撤退するといった大胆な決断も下されている。ただし、精査の結果、必ずしも UBS の様に業務からの全面撤退といった大胆な決断が下されるとは限らず、むしろ、部門内での一部の業務やプロダクツが縮小対象となる場合が大半である。また、同一部門内で一部地域から撤退するといった具合に地理的に業務が縮小される場合もある。

例えば、クレディ・スイスの場合、UBS とは異なり債券トレーディング業務そのものは維持しつつ、プロダクツとしては、期間が長期の金利、エマージング物、コモディティ、そして CMBS の組成、その他の自己資本要件が厳しい証券化商品から撤退している。また、英 RBS は、UBS とは異なり株式トレーディング業務から撤退している。加えて、本国でのリテール業務に集中するために、アジア等の海外のリテール業務からの撤退を決定している。さら

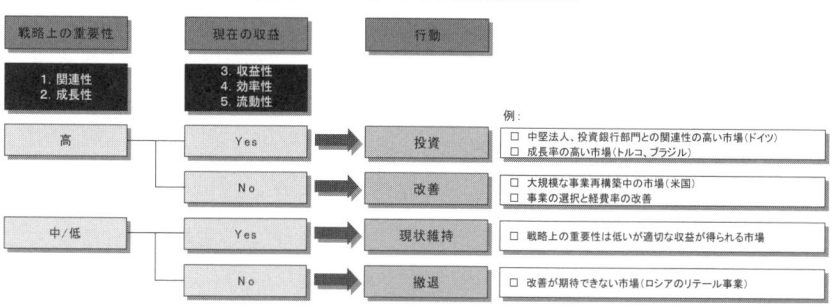

図表 5-6　HSBC の事業存続判断方法

（資料）HSBC, "Group Strategy," Investor Day 2011, May 11, 2011 より作成。

に，フランスのクレディ・アグリコルのように，これまでグローバルに展開していた業務全般を，基本的にユーロ圏や欧州周辺国に集中するなど，地理的範囲を絞るところもある。

ちなみに，精査を経た結果，各行は本来強みがある業務（コア・コンピタンス）に回帰する傾向がみられる。例えば，UBSやクレディ・スイスであれば富裕層業務，RBSやクレディ・アグリコルであれば本国のリテール業務，といった具合である。ただし，単なる原点回帰だけでは収益成長は保証されない。このため，残った業務の組み合わせのプロセスが重要となる。

(2) 「組み合わせ」のプロセス

各行は，精査に伴う縮小均衡圧力と収益力の維持を両立させるべく，精査の結果残った業務やプロダクツの最適な組み合わせを模索している。

精査の結果残される業務やプロダクツは各行まちまちであり，収益力の維持に向けた唯一の組み合わせというものは存在しない。ただし，ポスト金融危機における新たな環境下において，収益の伸びが限られるなか，収益力の維持に向けては「既存の経営資源の最大限の活用」が求められている。

この観点から，「シナジー効果」が最大限に発揮できる組み合わせ方法が模索されている。そして，シナジー効果という観点から注目される業務が，トランザクション業務とウェルスマネジメント業務である。

ここで，トランザクション業務とは，① 主に事業法人向けの資金決済業務（キャッシュマネジメント・サービス（CMS；Cash Management Service）），② 事業法人向けの貿易信用（トレード・ファイナンス），③ 主に機関投資家向けの証券保管・管理・決済業務（カストディ業務），の3業務を指す。他方，ウェルスマネジメント業務とは，富裕層を対象とした資産運用など総合的な金融サービス業務である[6]。

トランザクション業務とウェルスマネジメント業務は，そもそも資産対比（自己資本対比）での収益性が高く，バーゼルIIIの下でも業務の維持や拡大に向けた制約が少ないことに加え，安定性もまた高い（図表5-7）。

例えば，欧米大手銀行のビジネスライン別総資産利益率（ROA）（税引前

7. ビジネスモデルの見直しと再構築のプロセス 93

図表 5-7 欧米大手銀行のビジネスライン別パフォーマンス

【ROA（税引前）】

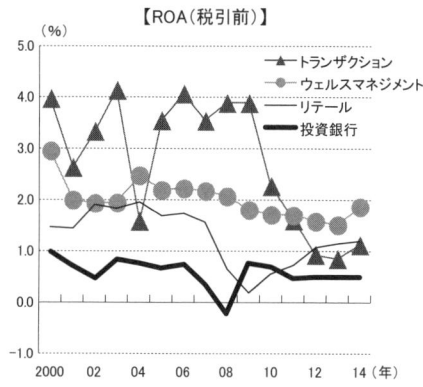

【経費率（経費／純収入）】

（注）1 JPモルガン・チェース，バンク・オブ・アメリカ，シティグループ，ゴールドマン・サックス，モルガン・スタンレー（以上，米銀），ドイツ銀行，BNPパリバ，ソシエテ・ジェネラル，クレディ・アグリコル，UBS，クレディ・スイス（以上，欧銀），バークレイズ，RBS（以上，英銀）の平均（一部，筆者による修正，推計）。
2 ウェルスマネジメントは，資産運用を含む。
（資料）各行決算資料より作成。

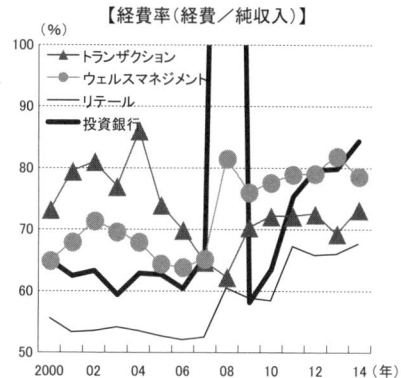

（注）1 JPモルガン・チェース，バンク・オブ・アメリカ，シティグループ，ゴールドマン・サックス，モルガン・スタンレー（以上，米銀），ドイツ銀行，BNPパリバ，ソシエテ・ジェネラル，クレディ・アグリコル，UBS，クレディ・スイス（以上，欧銀），バークレイズ，RBS（以上，英銀）の平均（一部，筆者による修正，推計）。
2 ウェルスマネジメントは，資産運用を含む。
（資料）各行決算資料より作成。

【純収入成長率（前年比）】

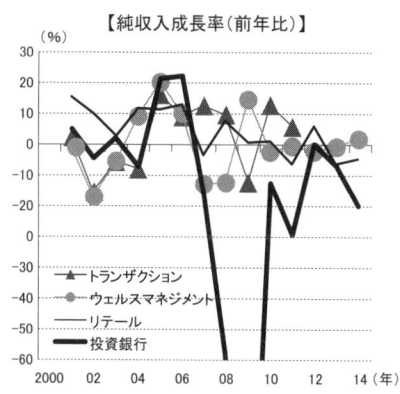

（注）1 JPモルガン・チェース，バンク・オブ・アメリカ，シティグループ，ゴールドマン・サックス，モルガン・スタンレー（以上，米銀），ドイツ銀行，BNPパリバ，ソシエテ・ジェネラル，クレディ・アグリコル，UBS，クレディ・スイス（以上，欧銀），バークレイズ，RBS（以上，英銀）の平均（一部，筆者による修正，推計）。
2 ウェルスマネジメントは，資産運用を含む。
（資料）各行決算資料より作成。

では，トランザクション業務とウェルスマネジメント業務は2000年以降，ほぼ一貫して2％超で推移しており，リテール業務や投資銀行業務を上回っている。トランザクション業務は設備投資に費用がかさみ，ウェルスマネジメント業務は人件費が高めのため，経費率（経費／純収入）は概ね70～80％で推移するなど，投資銀行業務と同様に高いものの，純収入成長率はリテール業務同様，安定している。

資産効率性や安定性の高さを背景に，精査のプロセスを経ても，トランザクション業務とウェルスマネジメント業務は存続される場合が多い[7]。これに加えて，組み合わせの下でシナジー効果が重視されるなか，他業務との関連性の高さが改めて注目されている。

すなわち，トランザクション業務のうち，CMSやトレード・ファイナンスについては，銀行にとっては顧客の資金の流れを囲い込むことで決済口座に滞留する預金を獲得できることに加え，資金の流れに付随する為替取引やデリバティブといったプロダクツを販売しやすくなる。さらには，CMSを提供するためには顧客に専用システムを導入してもらう必要があるが，一度当該銀行のCMSシステムを導入すると，システム変更コストの観点から顧客の離反率が低下する傾向がある。また，カストディについても，グローバル投資であれば，これに付随する為替取引やヘッジ取引を販売しやすくなる。

他方，ウェルスマネジメント業務については，個人とはいえ顧客は投資金額が大きい富裕層のため，小口の投資信託ばかりでなく，投資銀行部門で取り扱うような大口の債券，株式，あるいは証券化商品等を販売することも可能である。さらには，富裕層は企業経営者の場合も多いことから，当該企業の株式発行やM&Aなどでも投資銀行部門との取引が発生する可能性がある。また，リテール部門とのシナジー効果という観点でも，個人であるがゆえに，住宅ローンやクレジットカードなどの商品を販売することもできる。

先で述べたとおり，精査の結果残った業務やプロダクツは本来的に強みがあるコア業務に収斂する傾向がある。このようななかで，組み合わせの細部は各行で異なるものの，本来業務として決済業務が得意な商業銀行系はトランザクション業務，本来業務として富裕層取引や投資銀行業務に強みがあるスイス系

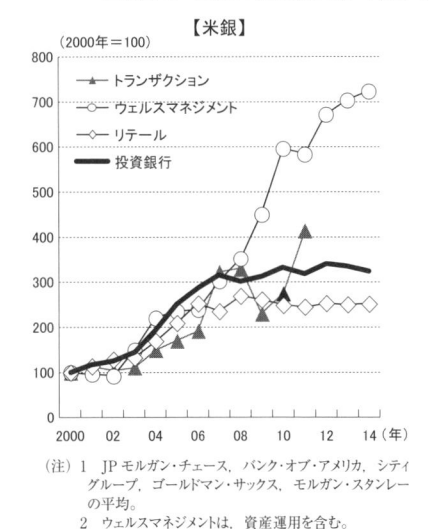

の銀行や元々投資銀行であったところは，ウェルスマネジメント業務を媒介に投資銀行業務を組み合わせてビジネスモデルを再構築する傾向がある。

8. 経営戦略の分化

　ここで，サブプライム危機までの欧米大手銀行の経営戦略を振り返ってみると，総じて，①投資銀行部門を含む全てのビジネスライン，②地理的にはグローバル，で業務範囲を拡大するなど，グローバル・ユニバーサルバンクを志向してきた。

　2000年から2007年までの欧米大手銀行のビジネスライン別の総資産の推移を見ると，投資銀行業務を含め，概ね全ての業務で資産が拡大されている（図表5-8）。また，地域別の総資産の推移も，2000年から2007年にかけて，本店所在地である母国市場とともに，海外でも拡大されてきた（図表5-9）。

　しかし，先に見たように，ポスト金融危機においては，「精査」と「組み合わせ」を通じて，欧米大手銀行の経営戦略は分化している。以下で，経営戦略

図表5-8　欧米大手銀行のビジネスライン別総資産の推移（2000年＝100）

（注）【米銀】
1　JPモルガン・チェース，バンク・オブ・アメリカ，シティグループ，ゴールドマン・サックス，モルガン・スタンレーの平均。
2　ウェルスマネジメントは，資産運用を含む。
3　一部，筆者推計。
（資料）各行決算資料より作成。

（注）【欧州銀行】
1　ドイツ銀行，BNPパリバ，ソシエテ・ジェネラル，クレディ・アグリコル，UBS，クレディ・スイスの平均。
2　ウェルスマネジメントは，資産運用を含む。
3　一部，筆者推計。
（資料）各行決算資料より作成。

【英銀】
(2000年=100)

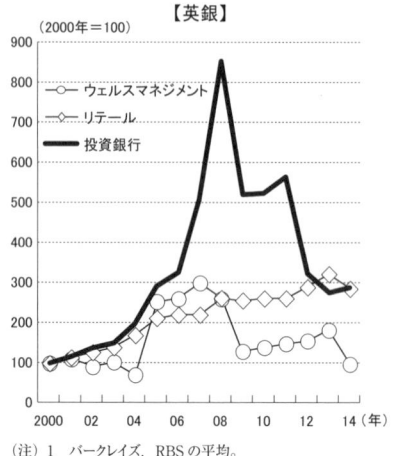

(注) 1　バークレイズ，RBS の平均。
　　 2　ウェルスマネジメントは，資産運用を含む。
　　 3　一部，筆者推計。
(資料) 各行決算資料より作成。

が分化している状況を，米銀，欧州銀行，英銀というくくりで確認しておきたい。

　米銀，欧州銀行，英銀のビジネスライン別，地域別それぞれの資産の推移をみると，米銀は，2008年のリーマン・ショック以降も，全てのビジネスラインでグローバルに資産を拡大している。一方で，欧州銀行や英銀は，リーマン・ショック後は投資銀行部門を縮小するとともに，海外資産の圧縮を進めるなど，業務範囲の見直しや国内回帰を進めている。

　この様に，個別銀行では差異はあるものの，経営戦略の分化は，大きくは，米銀と，欧州銀行ならびに英銀という欧米間格差となって現れている。

　すなわち，米銀は，精査と組み合わせを行いつつ，ビジネスモデルは金融危機以前からのグローバル・ユニバーサルバンクを維持している。一方，欧州銀行や英銀は，投資銀行部門を縮小しつつ，母国市場に業務の中心を移す傾向が認められる。

　以上からは，ポスト金融危機における欧米大手銀行のビジネスモデルは，① 米銀を中心としたグローバル・ユニバーサルバンク，② 投資銀行業務と海外業務を見直しつつトランザクション業務を中心にビジネスモデルを再構築す

8. 経営戦略の分化   97

図表 5-9　欧米大手銀行の地域別総資産の推移（2000 年＝ 100）

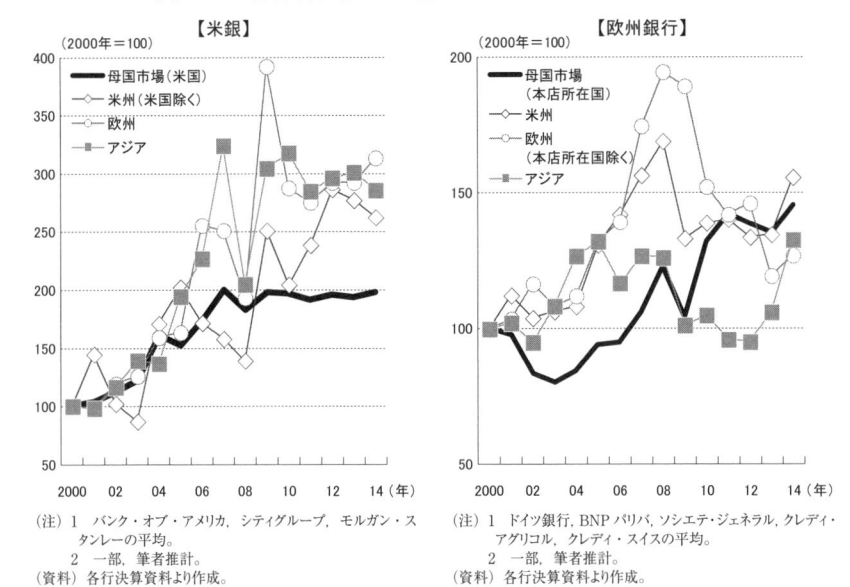

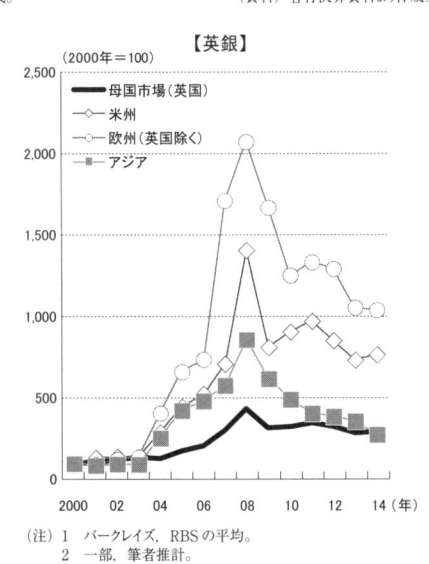

【米銀】
（2000 年＝ 100）
- 母国市場（米国）
- 米州（米国除く）
- 欧州
- アジア

【欧州銀行】
（2000 年＝ 100）
- 母国市場（本店所在国）
- 米州
- 欧州（本店所在国除く）
- アジア

（注）1　バンク・オブ・アメリカ，シティグループ，モルガン・スタンレーの平均。
　　　2　一部，筆者推計。
（資料）各行決算資料より作成。

（注）1　ドイツ銀行，BNP パリバ，ソシエテ・ジェネラル，クレディ・アグリコル，クレディ・スイスの平均。
　　　2　一部，筆者推計。
（資料）各行決算資料より作成。

【英銀】
（2000 年＝ 100）
- 母国市場（英国）
- 米州
- 欧州（英国除く）
- アジア

（注）1　バークレイズ，RBS の平均。
　　　2　一部，筆者推計。
（資料）各行決算資料より作成。

るリージョナル・ユニバーサルバンク，③同じく投資銀行業務と海外業務を見直しつつウェルスマネジメント業務を中心にビジネスモデルを再構築するスペシャリスト，に分化していることが分かる．

9. 欧米間格差の背景

　ポスト金融危機における経営戦略の分化が，欧米間格差となって現れている背景には，欧米間での景気の差異という循環的要因もあるものの，金融危機以前，欧州銀行や英銀が，米銀に比べて大幅にトレーディング資産を積み上げてきたことがある．
　ここで，欧州銀行（ユーロ圏）のレバレッジ比率（総資産／自己資本（倍））をみると，常に米銀を上回って推移していることが分かる（図表5-10）．レバレッジ比率は自己資本に対するリスク・ウェイトを掛ける前の総資産の比率であり，この間，自己資本に対するリスク・アセットから算出される自己資本比率は欧米間で大差なく推移してきたことから勘案すれば，欧州銀行は，相対的にリスク・ウェイトが低い資産を米銀以上に保有してきたことを示している．そして，このようなリスク・ウェイトが小さな資産のうち，かなりの部分がトレーディング関連の証券化商品やデリバティブ等の金融資産だったと推測される．
　さらに，欧州銀行（ユーロ圏）の預貸率[8]は常に100％を上回って推移するなど，資金調達面で市場性資金への依存度が高いことが見てとれる．
　先で見たとおり，トレーディング関連資産は，バーゼル2.5やバーゼルⅢの下ではリスク・ウェイトが大幅に高められており，欧州銀行は，自己資本比率の維持に向け，米銀以上に投資銀行部門を中心とした資産圧縮に走らざるを得ない状況にある．また，預貸率の高さは，バランスシート上の資産に比べて預金の量が少ないことを意味しており，バーゼルⅢの下での流動性規制の遵守に向け，より多くの資産圧縮を行う必要に迫られる．
　ここで，ポスト金融危機におけるトレーディング業務の状況をみると，業務自体が全面的に禁止されたわけではないものの，新たな規制により，業務遂行

図表 5-10　地域別銀行のレバレッジ比率と預貸率

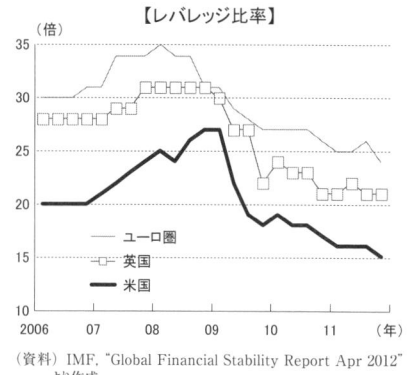

【レバレッジ比率】　　　　　　　　　　【預貸率】

（資料）IMF, "Global Financial Stability Report Apr 2012" より作成。

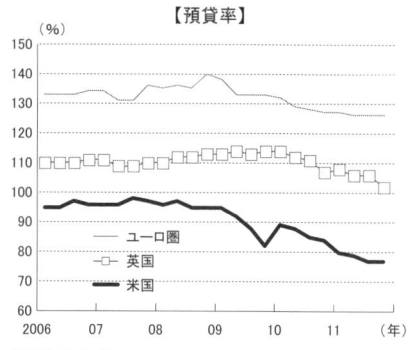

（資料）IMF, "Global Financial Stability Report Apr 2012," p. 26 より作成。

のハードルが急速に高まっている。当然のことながら，ボルカー・ルール等で禁止される自己勘定取引など規制対象となる業務からは撤退ないしは制限せざるを得なくなる。さらには，OTC デリバティブ規制などの規制強化に伴う収益プールの減少が予想される。銀行がどのような戦略を採用するかは，一義的には，規制の程度と財務の余裕度など個別銀行の耐性に依存するが，経営体力的に，従来の規模でのトレーディング業務を維持できなくなるところも出てくるであろう。

このようななか，80 年代以来の，投資銀行業務とリテール業務の双方を強化し，かつ地理的にもグローバルに展開するという戦略を採れるのは，先でみたグローバル・ユニバーサルバンク型に入る一部銀行に限られる可能性が高い。換言すれば，収益プールが減少し，かつ業務遂行に向けた要件が高まっているなかでは，全ての銀行が同様の成長戦略をとることは困難となっている。

もちろん，トレーディング資産のリスク・ウェイトが大幅に高まった場合でも，今後も相応の収益が確保できるとの見込みがあれば，業務縮小の対象になるとは限らない。しかし，欧州銀行のトレーディング業務におけるプレゼンスは，これまでの強化策にかかわらず，依然，米銀には劣後していた。とりわけ 2005 年以降は，UBS とクレディ・スイスのトレーディング収益は，メリルリンチ買収前のバンク・オブ・アメリカを除き，他の米銀に劣後していたことが

100　第5章　新たなゲームのルールの下での欧米大手銀行の行方

図表5-11　欧米大手銀行のトレーディング収益（純収入ベース）

凡例：UBS／モルガン・スタンレー／BNPパリバ／RBS／クレディ・スイス／ゴールドマン・サックス／バークレイズ／ドイツ銀行／バンク・オブ・アメリカ／シティグループ／JPモルガン・チェース

（注）欧銀、英銀は、各年末の為替相場で米ドル建てに変換。
（資料）各行決算資料より作成。

分かる（図表5-11）。

　ボルカー・ルールなどの金融規制の強化により、当面、トレーディング業務の収益プールの縮小が見込まれるなかでは、下位プレーヤーの取り分はさらに小さくなる可能性が高いことも、欧州銀行のトレーディング業務の資産縮小幅が大きくなっている要因になっていると推測される[9]。

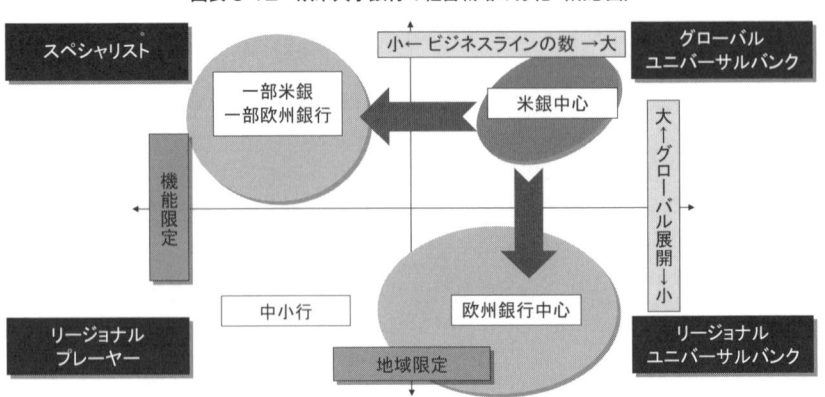

図表5-12　欧米大手銀行の経営戦略の分化（概念図）

スペシャリスト　／　一部米銀 一部欧州銀行　／　グローバルユニバーサルバンク

小 ← ビジネスラインの数 → 大

米銀中心

大 ↑ グローバル展開 ↓ 小

機能限定

中小行　／　欧州銀行中心　／　リージョナルユニバーサルバンク

地域限定

リージョナルプレーヤー

（資料）筆者作成。

このように，精査と組み合わせの結果として，米銀は，リーマン・ショック後も引き続き拡大志向にあるのに対し，欧州銀行の多くは，米銀に比べ，大規模なビジネスモデルの再構築を進めている。この結果，金融危機を経て，欧米大手銀行の経営戦略は分化の方向に進んでいる（図表5-12）。

10. それぞれのモデルの展望と課題

前章で見たとおり，ポスト金融危機において，欧米大手銀行が志向しているビジネスモデルのタイプは大きく3種類ある。すなわち，①従来同様のグローバル・ユニバーサルバンクを志向するタイプ，②ユニバーサルバンクの形態を採用しつつ業務地域を絞り込むタイプ（リージョナル・ユニバーサルバンク），③投資銀行部門の比重を縮小し資産運用部門を強化するタイプ（スペシャリスト），である。

まずは，金融危機以前からビジネスモデルとしては変化が無い，米銀を中心としたグローバル・ユニバーサルバンクの評価をしておきたい。

80年代の金融自由化以降，欧米大手銀行は総じてグローバル・ユニバーサルバンクを目指してきたが，2000年代初頭のクレジット・ブームのなかで21世紀型OTDモデルに変質し，金融危機を引き起こすことになった。

金融危機後は，ユニバーサルバンクというビジネスモデル自体を問題視し，グラス・スティーガル法時代の様に，銀行と証券を再度分離させるべきとの議論もある。

ただし，改めて実体経済の状況を確認しておくと，企業部門の資金調達において，銀行借入を主体とする間接金融から市場での証券発行を通じた直接金融への流れは不変である。むしろ，アジアなど新興地域における資本市場の発展を勘案すれば，今後はさらに直接金融化が進む可能性が高い。また，アジアなど新興地域を含め，家計部門の金融資産の蓄積に伴い，機関投資家の資産規模も拡大が続くであろう。

このように，実体経済面での構造変化が続くなかでは，発行市場での資金調達を支援するプライマリー業務や，流通市場で機関投資家の売買相手となるト

レーディング業務という，投資銀行業務に対する需要は確実に存在し続けるであろう。このような実需が存在する限り，グラス・スティーガル法の様な強制分離が行われなければ，グローバル・ユニバーサルバンクというビジネスモデルは存続可能であろう。

同時に，2000年代初頭のクレジット・ブームの終焉や，金融規制の強化に伴う業務遂行コストの上昇から，とりわけトレーディング業務は，従来のように多くのプレーヤーが十分な利益を上げられる業務ではなくなりつつある。このような背景から，グローバル・ユニバーサルバンクにとどまれるのは，米銀を中心とした一部に限定されると考えられる。

他方で，リージョナル・ユニバーサルバンクは，ビジネスモデルとしてはユニバーサルバンクを維持しているとはいえ，グローバル・ユニバーサルバンク型に比べ，方向的にはリテール業務と本国への回帰を進めている[10]。

先で見たとおり，単なる原点回帰では収益成長は困難であり，残された収益性の向上が至上命題となる。また，地域的には，アジアなどの成長市場を目指した，選択的・戦略的なグローバル化も必要になると考えられる。収益性の低下を克服できない場合，地域のユーティリティ・バンク[11]となってしまう可能性も否定できない。地域限定型にとっては，まさに組み合わせを通じた「収益性の確保」が課題である。

また，スペシャリストは，ウェルスマネジメント業務の比重を高める方向に経営資源をシフトしている。

先でみたように，ウェルスマネジメント業務は相対的に少ない資産（自己資本）で安定的に収益を計上できるという利点がある。ただし，投資銀行部門を縮小するなかでは，収益が大きく成長する可能性も低下する。業務限定型においては，「収益成長の確保」が課題になると考えられる。リージョナル・ユニバーサルバンク同様，やはり，戦略的・選択的なグローバル化を通じて成長市場に参入することが必要になると考えられる。

11. 投資銀行業務の展望

　一連の金融危機の後の金融規制強化の結果，80年代以降，大手商業銀行を中心に続いてきた業務範囲拡大と地理的拡大という流れは，少なくとも「屈折」している。

　ただし，改めて実体経済の状況を確認しておくと，企業の資金調達においては，銀行借入を主体とする間接金融から市場での証券発行を通じた直接金融への流れは不変であり，むしろ，アジアなど新興地域の発展を勘案すれば，今後はさらに直接金融化が進む可能性が高い。

　直接金融が進展すれば流通市場も拡大し，家計金融資産の蓄積に伴い，機関投資家の資産規模も拡大が続くであろう。このように考えると，80年代以来の銀行業界を取り巻く外部環境には大きな変化はみられない。

　また，債券発行や株式発行などのプライマリー業務に関しては，証券化を除けば規制の影響は小さく，問題はトレーディング業務にある。以下では，トレーディング業務を中心に投資銀行業務の展望を述べたい。

(1) トレーディング業務の収益水準

　先述したように，欧州銀行や英銀を中心にトレーディング業務が縮小されるなか，米銀など引き続きトレーディング業務を維持しているところは，欧州銀行や英銀のシェアを奪う形で一時的に収益が増加する可能性がある。ただし，業界全体での収益水準の伸びは，当面緩やかにとどまる可能性がある。

　その理由として，①金融規制の強化に伴い業務範囲や法令順守費用が増加していること，②投資家が求めるプロダクツが，CDOのような売買利鞘の大きい複雑な証券化商品から売買利鞘の薄いシンプルな商品にシフトしていること，③OTC取引やOTC清算が取引所取引やCCP清算に移行することで売買利鞘の縮小が見込まれること，④債券トレーディングの分野でも電子取引化が進展しており今後は売買利鞘が縮小する可能性があること，が指摘できる。

　すなわち，ポスト金融危機においては，業務範囲の制限や業務遂行コストの

増加に加え，トレーディング収益の構成要素のひとつである売買利鞘が低下する可能性が高い。取引量こそ循環的に増加する局面はあるものの，プロップ取引が禁止されるなかで，証券在庫ポジションで大幅な収益を獲得することへの制約も高くなっている。このため，トレーディング業務の収益水準の伸びは当面限られる可能性が高まっている。

(2) 取引量確保に向けたモデル

トレーディング業務の売買利鞘の縮小が続くと予想されるなかでは，個別銀行においては，トレーディング収益の維持に向け，顧客からの売買注文という対顧客との取引量（フロー）を確保することが重要となってくる。

取引量の確保に向けては，ユニバーサルバンクは多くのビジネスラインを有することが強みであり，先で見たトランザクション業務を媒介にトレーディング収益を確保するのがひとつのモデルとなっている。

すなわち，トランザクション業務であるCMSやカストディを媒介に，顧客と為替取引やデリバティブ取引などを行うことが，取引量の確保につながる。このように，トランザクション業務は為替取引などの派生取引の面でトレーディング業務との関連性が高いため，欧米大手銀行においては，既に投資銀行部門の一部門になっているところが多い。

一方，スペシャリストの場合には，ウェルスマネジメント業務における富裕層取引の取り込みが引き続き重視されよう。ただし，総合的にグループ内からの取引を確保できるユニバーサルバンクに対して，ウェルスマネジメント業務経由の取引量は限定的となる可能性もある。このため，スペシャリストにおいては，UBSのように，ウェルスマネジメント業務に合せてトレーディング業務を適正規模に調整する必要が生じる可能性もあることには留意が必要であろう。

注
1　バーゼルⅡの強化を目指し，2011年末より，日本や欧州で導入。米国は2012年末よりほぼ同様の規制を導入。
2　レバレッジ比率＝自己資本／（総資産（＋オフバランス項目））。
3　この規制の提唱者である，ポール・ボルカー元FRB議長の名をとり，通称「ボルカー・ルール」

と言われる。
4 その他，プライベート・エクイティ投資やヘッジファンド投資も制限される。
5 Lloyd C. Blankfein, Chairman & CEO, Goldman Sachs, "Goldman Sachs Presentation to Bank of America Merrill Lynch Banking and Financial Services Conference," Nov. 13, 2012.
6 富裕層の定義は各行毎に異なるものの，投資可能金融資産25万ドル以上の層を指す場合が多い。超富裕層を対象とする業務を指す場合が多いプライベート・バンク業務よりは，顧客の幅が広い。
7 ウェルスマネジメント業務については，一部で業務縮小されるケースが出ているが（バンク・オブ・アメリカ，HSBC，バークレイズ，クレディ・スイス等），トランザクション業務は各行とも縮小対象とはなっていない模様である。
8 預貸率＝貸出総額／預金総額。100％を超えている場合，貸出に回す資金の全額は預金で賄えず，足りない部分を市場からの資金調達に依存していることを意味している。
9 さらには，OTCデリバティブ取引の中央清算に備えたIT投資や法令順守コストなどの経費もある種の固定費であり，下位行ほど収益対比でコスト負担が大きくなる可能性が高い。
10 トレーディング業務は，資本市場の大きさや投資家層の厚さからも米国が最大の市場であり，米国業務を縮小した場合，トレーディング収益も大きく落ち込まざるを得なくなる。
11 伝統的なリテール業務や決済業務のみ行う「公益企業」のような銀行。

第6章

台頭するアジアの大手銀行

1. アジアの大手銀行

アジアの大手銀行の状況をみると，資産規模では，シンガポールやマレーシアの大手銀行は，欧米大手銀行や邦銀メガ3行の1/10程度である。しかし，時価総額は資産規模対比で堅調であり，格付けも総じて高位である（冒頭図表）。

また，金融危機後の株価の推移をみても，欧米大手銀行に比べて回復は早い（図表6-1）。金融危機後の欧米大手銀行のリストラに伴う資産売却の買い手として，アジア大手銀行や邦銀が名乗りを上げていることからも明らかなよう

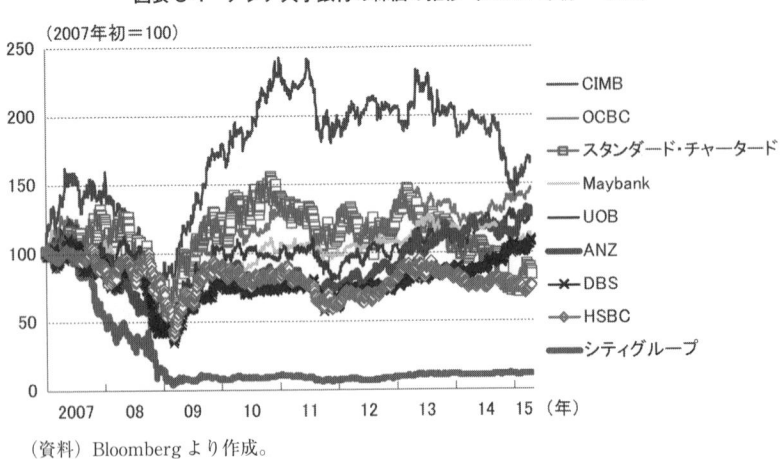

図表6-1　アジア大手銀行の株価の推移（2007年初＝100）

（資料）Bloombergより作成。

に，金融危機後のアジアの大手銀行の経営状況は，欧米大手銀行と比べて堅調である。

アジア諸国では依然間接金融が優位であることから投資銀行業務は後発であり，さらに，90年代後半のアジア通貨危機の反省から，アジア各国当局は総じて銀行の預貸率を100％以下の水準に抑えることを求めるなど，流動性の面でも耐性が高かった。

また，アジアの大手銀行の欧米拠点はまだ僅かである。例えば，中国4大銀行は国際業務をさほど行っていない[1]。アジアの大手銀行のなかではグローバル展開に積極的なシンガポールやマレーシアの銀行も，進出先はASEAN諸国や中国などアジア域内が中心である。さらに，アジア地域の資金需要は依然旺盛なため，欧州の一部の中小行のように，資金運用手段として欧米の証券化商品に投資する必要性にも迫られていなかった。

結果として，アジアの大手銀行にとっては，グローバルな景気後退の影響こそ受けたものの，銀行の健全性という観点からは，金融危機の影響は限定的であり，むしろビジネス・チャンスとなった側面がある。

2. アジアにおける銀行業務

(1) **中国市場**

ここで，中国における銀行業務を，中国系以外の「外資系銀行」の観点からみると，依然高い参入障壁がある。

外資系銀行が本格的に中国本土への進出を開始したのは，中国が世界貿易機関（WTO；World Trade Organization）に加盟し，金融市場の開放が開始された2001年12月以降である。2006年11月には，WTO加盟後5年間の移行期間の終了に伴い，中国政府は，外国銀行に対する管理法規である「外資銀行管理条例」を発表し，外銀の現地法人に対しては，内国民待遇が適用されることとなった。ただし，支店開設や新規業務に対する許認可制度が，実質的に，外銀の中国ビジネスに対する参入障壁となっているとの見方が多い。

また，証券会社については銀行以上に開放が遅れており，現在でも，国内証

図表6-2 中国の銀行業態別の利益（税引後利益）

	2007	08	09	10	11	12（年）
全銀行（億元）	4,467.3	5,833.6	6,684.2	8,990.9	12,518.7	12,528.7
大型商業銀行	2,466.0	3,542.2	4,001.2	5,151.2	6,646.6	7,545.8
その他商業銀行	855.3	1,322.5	1,570.5	2,407.7	3,598.1	4,676.7
その他（信用組合等）	595.9	619.9	695.6	939.0	1,570.0	1,992.4
政策銀行	489.3	229.8	352.5	415.2	536.7	736.3
外銀	60.8	119.2	64.5	77.8	167.3	163.4

（資料）中国銀行業監督管理委員会（CBRC）より作成。

券会社との合弁の形態でしか認められていない。2012年10月，中国証券監督管理委員会（CSRC；China Securities Regulation Commission）は，外資の合弁会社への出資比率を33％から49％に引き上げたが，外資はいまだに過半数の所有は認められていない。

中国の銀行業態別利益をみると，外銀は2010年から2011年にかけて利益が倍増するなど増加率は大きいものの，絶対水準は2011年では167億元と，全銀行の1％強，大型商業銀行の2％に過ぎない（図表6-2）。実際，外資系最大手のHSBCでも，中国4大銀行との差は歴然としており，短期的に差が大きく縮まる可能性は小さい。

このため，現在の主戦場はむしろASEANやその周辺国，あるいはインドが中心である。アジアの銀行業務を巡っては，現在，主にASEANやインドを舞台に，アジアの大手銀行と，欧米大手銀行や邦銀といったプレーヤーが争う構図となっている。

(2) アジア市場（中国除く）

アジアの銀行業務の特徴をあらかじめ指摘しておくと，① 大手銀行においてはリテール業務の比重は相対的に小さい（一部アジアの大手銀行や欧米大手銀行は，アジアの個人取引については富裕層にターゲットを絞る傾向がある），② 法人業務においては依然貸出業務の比重が高いものの，競争激化から利ざやは低下傾向にある，③ このようななか，投資銀行業務の比重が増える傾向

にある，④法人業務に関しては，通貨統合しているユーロ圏とは異なり基本的に国の数だけ通貨が存在するため，貿易取引に加えて為替取引が大きな収益源になる，⑤特に欧米大手銀行の場合，地場にも相応に食い込んでいるシティグループを除き，アジアでは投資銀行業務と富裕層取引に特化している，といった点が挙げられる。

それでは，アジアにおいては，具体的にどの様な業務が行われているのであろうか。

アジアの大手銀行の業績をみると，リテール業務は安定的に推移する一方，収益の多くは，法人・投資銀行業務や市場業務などの法人部門で稼ぎ出されていることが分かる（図表6-3）。背景には，①アジア諸国では中間層が相対的に未成熟であること，②リテール業務においては中小銀行のプレゼンスが大きいこと，がある。

例えば，シンガポール最大手銀行であるDBSのビジネスライン別利益（税引前利益）をみると，法人業務（市場＋法人・投資銀行部門）が80％程度で推移している。また，マレーシアで最大手のメイバンクについても，DBSよりはリテール業務の比重が高いものの，それでも法人業務（市場＋法人・投資銀行部門）が過半近くを占めている。この傾向は，HSBC，スタンダード・チャータード，シティグループのアジア業務でも同様である。

HSBCとスタンダード・チャータードは香港ではともに発券銀行[2]であり，香港では圧倒的なリテール網を有するため，一般にはリテール中心の銀行という印象が強いかもしれない。しかし，香港を除くアジアの状況をみると，多くが法人業務であることが分かる（シティグループのみ香港を含むアジアであり，リテールの水準が高めにでている）（図表6-4）。

リテール業務に関しては，一般個人というより一定の所得や金融資産を持つ富裕層に対象を絞っている。これも，一般個人を対象とする地場銀行との差別化を図っている他，投資商品販売などにおいて，中小銀行との対比で大手銀行が強みとする，投資銀行業務などとのシナジー効果が高いためである。

投資銀行業務と富裕層取引の間には，①トレーディング業務を通じた投資商品の販売などが見込めること，②富裕層は企業幹部や個人事業主が多く，

第6章　台頭するアジアの大手銀行

図表 6-3　アジアの大手銀行のビジネスライン別利益（税引前利益）

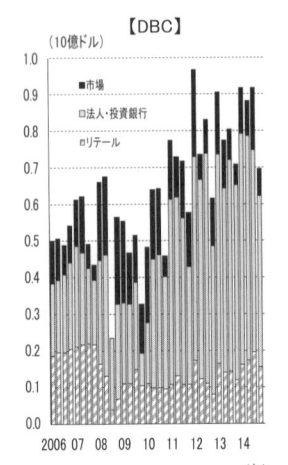

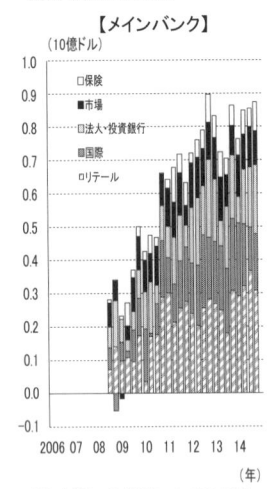

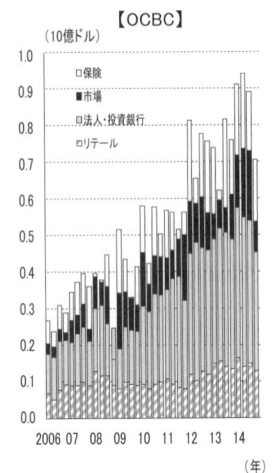

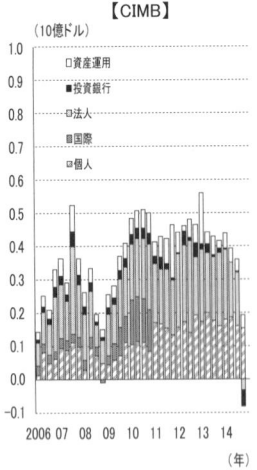

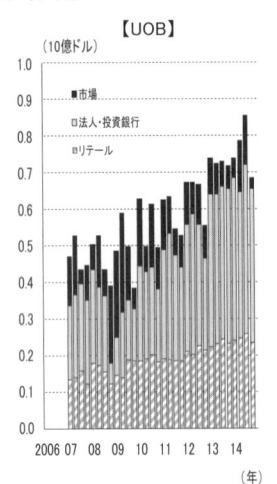

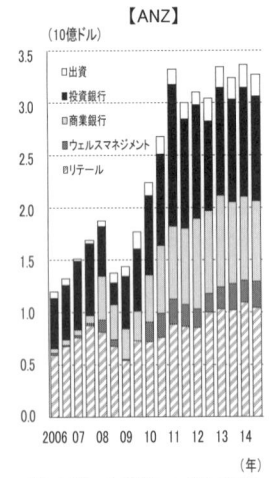

2. アジアにおける銀行業務　111

図表6-4　香港を除くアジアでのビジネスライン別利益（税引前利益）

【HSBC】

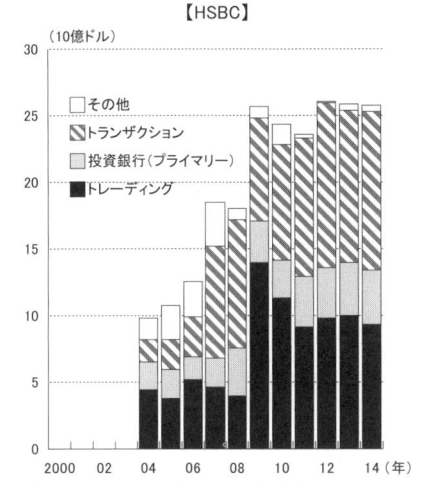

【スタンダード・チャータード】

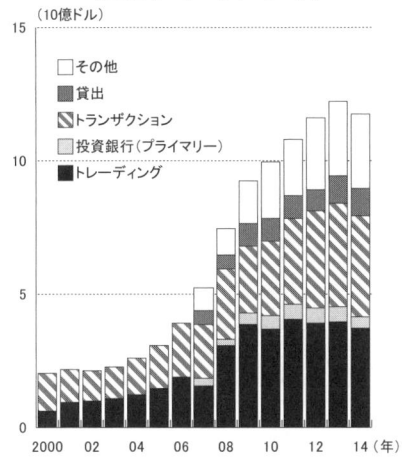

（注）1　トレーディングには，ALM が含まれる。
　　　2　貸出は，投資銀行に含まれる。
（資料）決算資料より作成。

（注）1　トレーディングには，ALM が含まれる。
　　　2　投資銀行は，2006年以前はトレーディングに含まれる。
　　　3　貸出は，2006年以前はトランザクションに含まれる。
（資料）決算資料より作成。

【シティグループ（香港含む）】

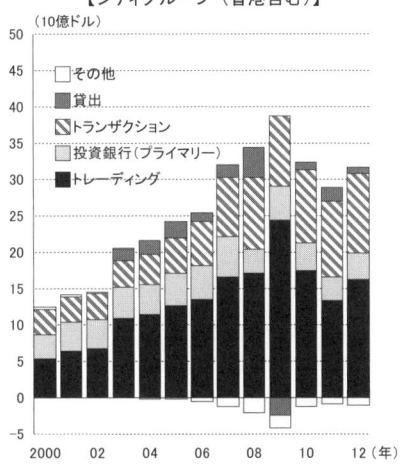

（注）1　トレーディングには，ALM が含まれると推測。
　　　2　貸出は，2002年以前は数値なし。
（資料）決算資料より作成。

将来的な株式・社債発行や M&A などのビジネスにつながる可能性があること、が指摘できる。

他方、法人業務の内訳をみると、トランザクション業務とトレーディング業務の割合が大きい（図表6-5）。背景には、アジアの銀行業務においては、欧米とアジア諸国、そしてアジア諸国間での貿易、資金取引の増加に伴い、クロスボーダーの資金取引が増加していることがある。また、トレーディング業務

図表6-5　法人業務のプロダクツ別内訳（純収入）

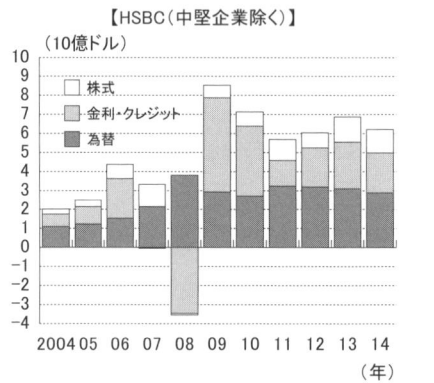

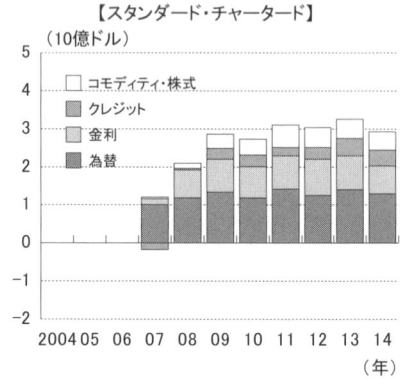

（資料）決算資料より、みずほ総合研究所作成。

図表6-6　トレーディング業務のプロダクツ別内訳（純収入ベース）

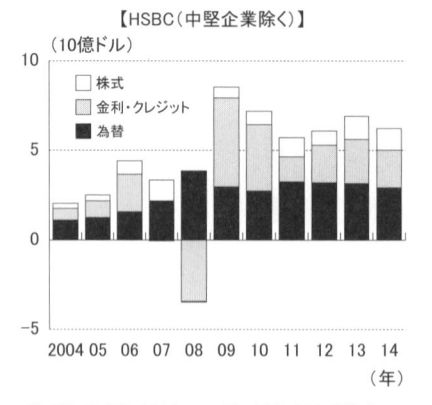

（資料）決算資料より、みずほ総合研究所作成。

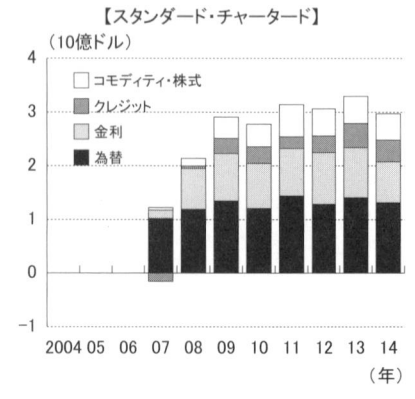

においても，クロスボーダー取引の増加を反映して，為替取引が大きな割合を占めている。アジアでもトレーディング業務で稼いでいるものの，中心となるプロダクツは為替であり，金融危機以前の欧米諸国のように，証券化商品ではない（図表6-6）。

なお，アジア市場に深く食い込んでいるHSBC，スタンダード・チャータード，シティグループを除けば，欧米大手銀行のほとんどは，アジアでは投資銀行業務と富裕層取引に特化している。欧米におけるトレーディング業務を中心とした投資銀行業務は逆風に直面しているなか，アジアは依然業務拡大が見込める有望市場となっている。

3. アジアの金融市場と投資銀行業務

アジアにおいては，現状では，欧米諸国ほど投資銀行業務は盛んではないものの，債券市場も着実に成長するなど，直接金融が発展する流れは続いている（図表6-7）。さらに，経済成長に伴い，金融資産の蓄積も今後も進展すると考

図表6-7　世界の金融・資本市場の概観

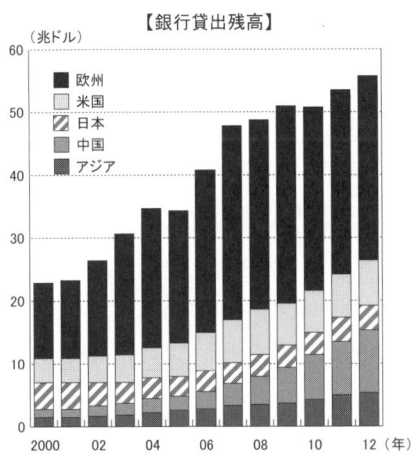

【銀行貸出残高】

【債券市場残高】

(注) 欧州は，ユーロ圏，英国。アジアは，香港，台湾，韓国，シンガポール，マレーシア，タイ，インドネシア，フィリピン，インド。
(資料) FRB，ECB，日本銀行，CEICデータベースより作成。

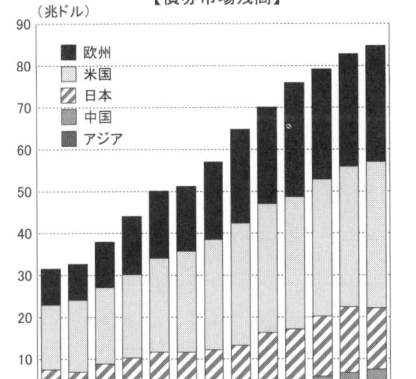

(注) 欧州は，ユーロ圏主要国，英国，スイス。アジアは，香港，台湾，韓国，シンガポール，マレーシア，タイ，インドネシア，フィリピン，インド。
(資料) BIS, "Debt securities statistics"より作成。

114 第6章 台頭するアジアの大手銀行

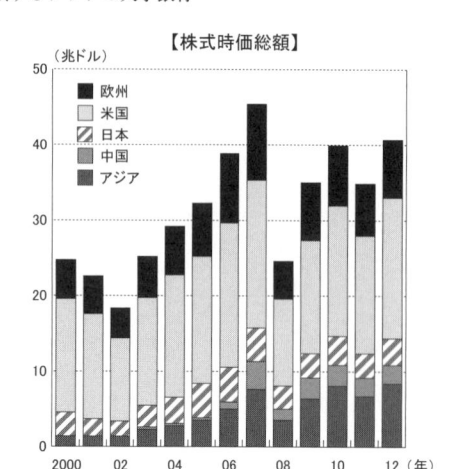

【株式時価総額】

(注) 欧州は，ドイツ，英国，フランス。アジアは，香港，台湾，韓国，シンガポール，マレーシア，タイ，インドネシア，フィリピン，インド。
(資料) World Federation of Exchanges より作成。

えられる。

　これまで，アジアにおける投資銀行業務は，主に欧米大手銀行が担ってきた[3]。しかし，欧米大手銀行が概して金融危機後に体力を低下させるなか，アジアの大手銀行は着実に投資銀行業務を強化している。

　近年のアジアの大手銀行における事業強化分野も，この動きを裏付けるものとなっている。すなわち，欧州銀行のリストラに伴い，アジアで売却された部門の買い手を見ると，2012年にRBSのアジア株式部門を買収したのはマレーシアの大手銀行CIMBである（図表6-8）。また，投資銀行業務ではないものの，2010年にオランダのINGのプライベート・バンク部門を買収したのは，シンガポールのOCBCである。さらに，マレーシアのメイバンクは，2011年にシンガポール大手証券会社のキム・エン・ホールディングスを買収し，投資銀行業務を強化している。さらに，シンガポールやマレーシアの大手銀行に加えて，2012年には，中国の中信証券（CITIC）が，クレディ・アグリコルのアジア証券ブローカレッジ部門を買収している。

　ただし，アジアの大手銀行における投資銀行業務とこれまでの欧米大手銀行の21世紀型OTDモデルとの違いとして，①トレーディング業務においては

為替が中心的プロダクツであり「実需」に則したものであること，②証券化商品などは流通市場が未発達なこともあり一般的でないこと，③グローバル展開は基本的にアジア地域内と地理的に限定されていること，が指摘できる。

　欧米大手銀行が21世紀型OTDモデルに端的に示されるトレーディング依存型モデルからの修正を図っているなか，アジアの大手銀行は，投資銀行業務の強化を目指すという構図となっている。すなわち，欧米大手銀行とアジアの大手銀行においては，ビジネスモデルが収斂する方向にある。

図表6-8　シンガポール，マレーシアの大手銀行による近年の買収事例

買収先	シンガポール			マレーシア	
	DBS	OCBC	UOB	メイバンク	CIMB
タイ			(買収) 1999 Radanasin Bank 2004 Bank of Asia		(買収) 2008 BankThai
インドネシア	(買収) 2012 Bank Danamon	(買収) 2004 PT Bank NISP	(買収) 2004 PT Bank Buana	(買収) 2008 Bank International Indonesia	(買収) 2002 PT Bank Niaga
フィリピン			(買収) 1999 Westmont Bank	(買収) 1997 PNB Republic Bank	(買収) 2012 Bank of Commerce
ベトナム			(買収) 2007 The Southern Commercial Joint Stock Bank	(買収) 2008 An Binh Bank	
中国		(出資) 2006 Bank of Ningbo	(出資) 2008 Evergrowing Bank		(出資) 2008 Bank of Yingkou
その他	(買収) 1999 Kwong On Bank (香港) 2008 Bowa Bank (台湾)	(買収) 2010 ING Asia Private Bank (アジアプライベートバンク部門)		(買収) 2011 Kim Eng Holdings (シンガポール大手証券)	(買収) 2012 RBS (アジア地域株式部門)

（資料）各行発表資料より作成。

4. アジアの大手銀行の課題

現状，アジアの大手銀行における投資銀行業務は，為替取引が中心という意味で，「健全」な発展が続いているが，将来的には欧米と同じ轍を踏まないことが肝要となろう。

サブプライム危機とユーロ危機という金融危機を振り返ると，健全な発展に向けては，バランスシートの健全性の確保も重要となる。現在，好調な業績を維持するアジアの大手銀行であるが，「外貨調達」という観点でみると，全体での預貸率は100％を下回り，国内の預金基盤は磐石であるアジアの大手銀行においても，米ドルなど「外貨」の預貸率は高めになっている（図表6-9）。今後，さらにグローバル化を進めるに伴い，外貨ニーズも一層増大すると予想される。このようななか，外貨調達において市場性調達比率が高いままでは，金融市場が混乱した際に円滑なファンディングができなくなる可能性がある。

繰り返すまでもなく，欧州銀行は，金融危機の際に，米ドル調達で躓いた。

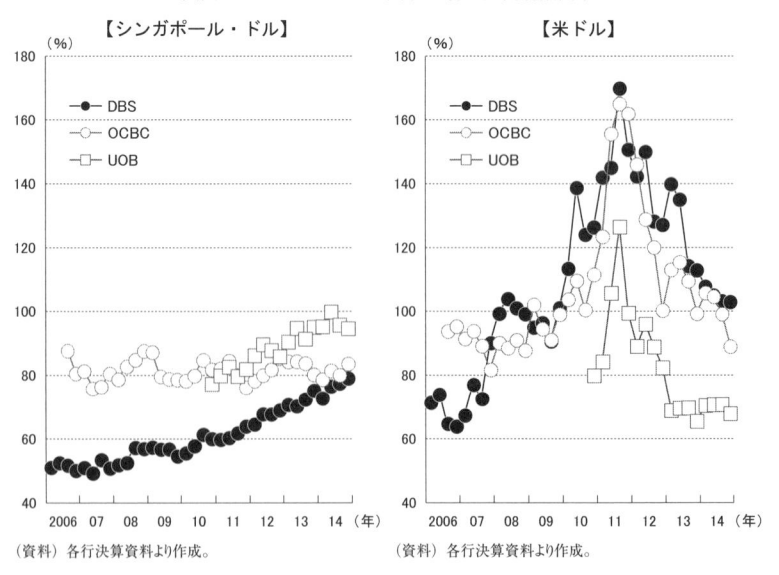

図表6-9　シンガポール大手3行の通貨別預貸率

（資料）各行決算資料より作成。

【自国外アジア通貨】

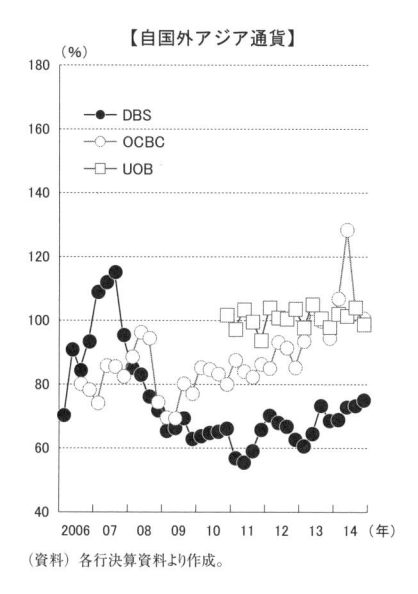

（資料）各行決算資料より作成。

アジアの大手銀行にとっても，欧州銀行の二の舞にならぬよう，外貨調達においても預金調達比率を高めるなど，負債面での手当てを考慮しつつ，グローバル展開することが求められている。

注
1 　中国銀行は，香港ではHSBC，スタンダード・チャータードとともに発券銀行になるなど，従来国際業務に力を入れてきており，総収入に占める海外業務の比率（香港含む）は20％程度あるものの，中国工商銀行，中国建設銀行，中国農業銀行の海外業務の比率（総収入ベース）は，まだ数％程度でしかない。
2 　香港ドルの発券銀行は，HSBC（香港上海銀行），スタンダード銀行，ならびに中国の中国銀行（Bank of China）。
3 　山口（2012）では，邦銀のアジア展開においては，インフラ金融など邦銀にとっての新規分野ではあるものの，業務内容は欧米大手銀行のような投資銀行業務ではなく，依然法人向け貸出業務が中心であることが示されている（山口（2012），21-36頁）。

第7章

グローバル銀行業界の展望

1. 今後の収益機会

　今後のグローバル銀行業界が収益を拡大するためには，欧米などの既存市場での収益成長が限定的との観点に立てば，① 既存市場内でクレジット・リスクをとっていくか，② 他行のシェアを侵食するか（ゼロサム），③ 新規市場・業務に進出するか，といった手段を選択することになる。

　ただし，このうちクレジット・リスクの深耕については，サブプライム・ローンの失敗例があり，さらに規制も強化されていることから，大々的に行うことは当面見込みにくい。

　このようななかでは，まずは買収を織り交ぜながら既存市場でシェア拡大を図ることが目的となろう。しかし，あくまでゼロサム・ゲームであり，業界全体として収益向上に結びつくとは限らない。さらには，既存市場においては成長性の観点でも限界がある。

　以上を鑑みれば，収益成長の確保に向けては，相対的に「体力がある銀行」は，成長市場を目指したグローバル化が強化されていく可能性が高い。欧州銀行は，ユーロ危機が顕在化した後は対外資産の圧縮を続けており，成長市場であるアジアにおいても資産を縮小していた。ただし，2012年後半以降，アジア向け資産は再び増加させている[1]（図表7-1）。

　もちろん，欧米大手銀行を総体として見れば，これまで述べてきたように，グローバル拡大路線は転機を迎えており，全ての銀行が積極的なグローバル化を行えるわけでない。今後は，相対的に財務基盤に余裕がある銀行グループが

2. シャドーバンキングの台頭   119

図表 7-1　日米欧銀行の対外エクスポージャーの推移

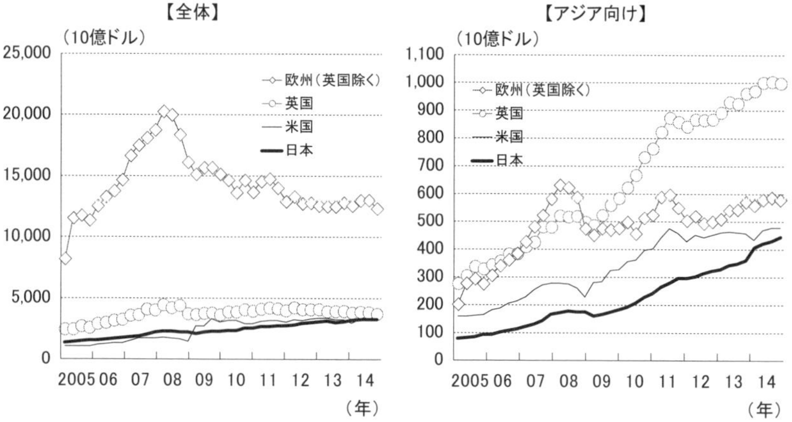

【全体】　　　　　　　　　　　　　【アジア向け】

(資料) BIS, "International banking statistics" より作成。　　(資料) BIS, "International banking statistics" より作成。

国際業務を強化していくという構図になると予想される。そして，数々の制約条件の下，グローバル化を推進できるところが今後の勝ち組となる可能性を秘めている。

2. シャドーバンキングの台頭

ポスト金融危機においては，金融規制の強化に伴い，銀行が業務を縮小あるいは撤退した結果，皮肉にも，相対的に規制が緩いヘッジファンドなどのシャドーバンキングのプレゼンスが高まる可能性がある。

先で見たように，銀行のトレーディング業務が縮小されるなか，自己勘定取引部門のトレーダーなどがヘッジファンドに転籍したり，自らヘッジファンドを立ち上げたりといったことも相次いでいる。また，銀行が規制対応上，資産拡大に慎重になるなか，ミューチュアル・ファンドなどの資産運用会社には多くの資金が集まっている。ミューチュアル・ファンドの資産規模は，リーマン・ショック後に大きく減少したものの，その後の拡大ペースは銀行を大きく上回っている（図表7-2）。例えば，大手資産運用会社ブラックロックの預か

り運用資産は急速に膨れ上がっている[2]（図表7-3）。

図表7-2 米国の主な金融機関の資産推移（2000年＝100）

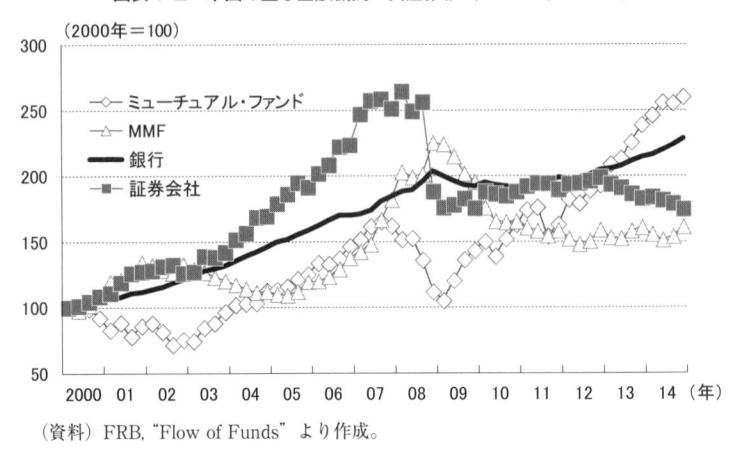

（資料）FRB, "Flow of Funds" より作成。

図表7-3 米大手資産運用会社ブラックロックの預かり運用資産残高

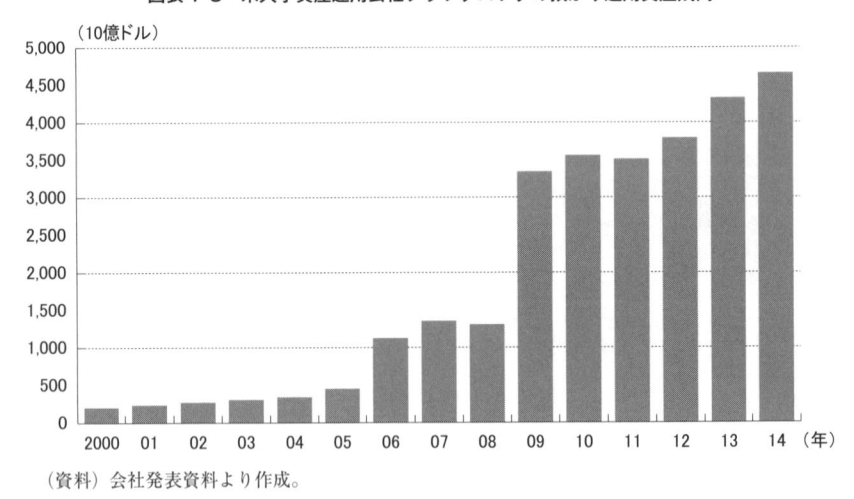

（資料）会社発表資料より作成。

3. 銀行とシャドーバンキングとの関係

　80年代以来の金融自由化という流れの転換点に立つ銀行業界であるが，新たな収益機会となりそうな領域もある。逆説的であるが，① 新たな金融規制の導入に伴う付随的な業務領域，② 銀行規制の結果プレゼンスが増す可能性があるシャドーバンキングとの取引拡大，などである。

　金融規制に伴う付随的な領域には，規制対応上必要となるプロセスを支援する業務などがある。具体例としては，デリバティブ取引の中央清算化に対応した電子取引プラットフォームの提供や，デリバティブ取引の清算その他で要件が煩雑化している担保管理支援業務などが挙げられる。

　銀行にとってはトレーディング業務において，ボルカー・ルール等の施行により自己勘定取引はできなくなったとしても，取引相手のシャドーバンキングのプレゼンスが高まることで，マーケット・メイク業務が活発化する可能性がある。資産運用会社やヘッジファンドが証券売買を行う際には，銀行など，マーケット・メイクを行ってくれる取引相手が必要であることには変わりはない。機関投資家からの取引需要という実需がある限り，トレーディング業務がなくなることはない。

　さらに，ボルカー・ルールの下で，銀行によるヘッジファンドやプライベート・エクイティ（PE）ファンドへの投資も制限されている一方で，ファンド自体が活動を活発化させるなかで，付随業務である，取引システムの提供，カストディ業務，ファンド資産管理や担保管理，あるいは総合的なファンド支援サービスであるプライム・ブローカレッジへの需要も拡大する可能性がある。

　このように，今後さらに存在感が増す可能性があるシャドーバンキングとの取引が，逆説的ではあるが，銀行にとっての新たな収益源となる可能性がある。なお，機関投資家との取引においても，金融危機以前のように複雑な証券化商品をOTC取引で売買するという形態から，シンプルな商品を透明性が高い形で取引するという形態に変化しており，機関投資家との取引拡大が，直ちに金融危機前のビジネスモデルに戻ることを意味するわけではない。

4. シャドーバンキング規制

　金融システミック・リスクという観点では，銀行規制を強化しすぎた場合，銀行ができない業務の多くが規制対象外のシャドーバンキングに移行する，いわゆる「規制のアービトラージ」が発生する可能性がある。

　80年代以来，欧米大手銀行がトレーディング業務を強化してきた背景には，実体経済側の要因としての企業の資金調達構造の変化や家計の金融資産の蓄積がある。今後，企業の直接調達比率が大きく低下するといった事態は考えにくく，家計の金融資産の蓄積も不変であろう。むしろ，アジアなど新興地域の成長からみても，直接金融の拡大とこれに伴う流通市場の発展，家計の金融資産の蓄積と機関投資家の台頭という現象は継続する可能性が高い。企業や家計行動における構造変化が続く限り，銀行規制のみ強化された場合には，銀行規制の対象外のシャドーバンキングにより多くの資金が流れる可能性がある。

　このようななかでは，金融システム全体でみれば，取引を行う主体が従来の銀行からシャドーバンキングに入れ替わるだけで，根本的な変化は生じない

　ただし，銀行とは異なり，シャドーバンキングは預金を受け入れられないことから，資金調達構造が脆弱であり，むしろシャドーバンキングに資金が流れたほうが，金融システムの不安定性が高まるといった逆説的な事態も起こりうる。銀行規制を強化した結果，銀行からシャドーバンキングにリスクが移転され，金融システムのリスクがむしろ増大したら本末転倒である。このような背景から，主要国でのバーゼルⅢ導入が決まるなど銀行規制が一段落したなか，シャドーバンキング規制の議論が出てきている。

　2010年11月，G20ソウル・サミットにおいて，「シャドーバンキングへの規制および監督の強化」が今後の検討事項のひとつとして明示的に指摘され，FSBに対して，シャドーバンキング規制強化に向けた提言の策定が要請された。これを受け，2011年10月にFSBが取りまとめた提言においては，シャドーバンキング規制の分野として，①銀行とシャドーバンキングとの関係に対する規制，②MMFの規制，③その他シャドーバンキング，④証券化の規

制，⑤証券貸借およびレポ規制，の5つが取り上げられている。今後はFSBの提言を受け，各国が法制化を行うことになる。

シャドーバンキング規制の動向もまた，先で見た銀行の新たな収益機会にも，大きな影響を与えるであろう。

5. 金融システムの安定性

80年代以来，欧米大手銀行が追求してきた「グローバル・ユニバーサルバンク」というビジネスモデルは，企業や家計行動の変化を背景にした実体経済面での構造変化を踏まえれば，銀行にとっても必然であった。グローバル・ユニバーサルバンクの問題は，2000年代のクレジット・ブームにあおられた結果，21世紀型OTDモデルに変質したことにあった。

2000年代の欧米大手銀行の行動がサブプライム危機とユーロ危機というグローバル金融危機を引き起こしたのは事実であるが，銀行規制を強化しすぎた場合，シャドーバンキングに資金が流れ，金融システムが逆に不安定化する可能性もある。さらには，証券流通市場におけるマーケット・メーカーが不在となり，実体経済への資金供給が滞ってしまう可能性も否定できない。

実体経済の持続的成長という観点からは，銀行規制とシャドーバンキング規制とのバランスもまた重要となるであろう。

注

1 中條（2011）では，金融のグローバル化が90年代後半のアジア通貨危機の原因であったと分析されている（中條（2011），1011頁）。このような視点に立てば，アジア諸国にとっては，欧米大手銀行など外資系銀行の参入には負の側面も付きまとう。

2 2009年に，英バークレイズより資産運用部門を買収したことも資産拡大に貢献している。

おわりに

　本書では，サブプライム危機とユーロ危機という連続して発生したグローバル金融危機の原因が，80年代以来，欧米大手銀行が追求してきたグローバル・ユニバーサルバンクが，2000年代のクレジット・ブームのなかで，21世紀型OTDモデルに変質したことにあることを明らかにしてきた。

　21世紀型OTDモデルは，①トレーディング収益増大に向けた過度の傾注，②バランスシートの肥大化に伴う資金調達構造の脆弱化，③ヘッジファンドなどシャドーバンキングとの資産・負債両面での複雑な取引の形成，という特徴を持っていたが，サブプライム危機の顕在化により，持続不可能であることが露呈するとともに，これら3つの特徴の問題点が明らかになった。

　すなわち，トレーディング収益の拡大を，信用度の低いサブプライム・ローンに依存しており，そもそも持続的成長は困難なモデルであった。金融技術がいくら発展しても，原資産が有する本源的リスクまでは除去できない。

　そして，欧米大手銀行は，トレーディング収益を追求する過程で，バランスシートの拡大の裏側で資金調達構造を脆弱化させ，シャドーバンキングとも資産・負債両面でネットワークを形成していた。このため，米住宅価格下落という巻き戻しを契機とした金融危機を甚大なものにした。

　ただし，21世紀型OTDモデルは持続不可能なモデルであった一方，本書で見てきたように，実体経済の構造変化が進むなか，銀行と証券をともに営むユニバーサルバンクというビジネスモデルは必然であり，一国の経済規模が小さい欧州諸国や，当面成長機会が限られると見られる米国を含む先進国において，グローバル化もまた不可避の現象である。

　実際，ポスト金融危機において欧米大手銀行が経営体力を低下させるなか，危機の影響が軽微だったアジアの大手銀行は，アジアにおける直接金融の進展と域内外貿易・資本取引の活発化に歩調を合わせ，投資銀行業務を強化すると

ともに，汎アジアにてグローバル化を進めている。これらアジアの大手銀行の動きは，原資産のリスクを軽視した21世紀型OTDモデルではなく，あくまで実需に応じたビジネスモデルの発展であろう。このように，グローバル・ユニバーサルバンク自体に問題があるわけではなく，問題の本質は，グローバル・ユニバーサルバンクの行き過ぎにある。

　金融危機を受けて数多くの金融規制が提案されるなど，80年代以来の金融自由化の潮目が大きく変化するなか，欧米大手銀行はビジネスモデルの再考に迫られている。金融危機後は，金融規制が強化され，欧米大手銀行の業務遂行に向けた制約は高まっている。このようななかで，80年代以来追求してきたグローバル・ユニバーサルバンクを維持できるところは減少している。各行は，専門性を高めたり，本国を中心とした特定地域に集中したりするなど経営戦略は分化しており，銀行業界全体としての成長は抑制される可能性がある。

　このようななか，金融規制は，グローバル・ユニバーサルバンクの行き過ぎの抑制を目的とすべきであり，高度なバランス感覚が求められる。規制が弱すぎれば金融危機の再発があり得る一方，規制が強すぎれば，逆に銀行の経営体力を弱めて，実体経済の資金ニーズに対応できない恐れがある。

　同時に，ポスト金融危機において注目すべきは，銀行規制の強化に伴い，相対的に規制が緩いシャドーバンキングの動向である。金融規制の強化に伴い欧米大手銀行の動きが鈍るなか，同様に金融危機で痛手を被ったシャドーバンキングの行動は再び活発化している。

　銀行にとっては，ビジネスを奪われる側面があるものの，同時にビジネスチャンスでもある。ただし，シャドーバンキングとの取引は21世紀型OTDモデルの特徴のひとつであり，銀行自体のリスク管理能力が求められる。

参考文献

池尾和人（2010）「金融危機と市場型金融の将来」（『フィナンシャル・レビュー』，第101号，財務省財務総合政策研究所，7月）．
井村進哉（2002）『現代アメリカの住宅金融システム　金融自由化・証券化とリーテイルバンキング・公的部門の再編』東京大学出版会．
岩田健治（1996）『欧州の金融統合　EECから域内市場完成まで』日本経済評論社．
―――（2009）「なぜヨーロッパで危機が顕在化したのか？」（『世界経済評論』，Vol. 53 No. 3，世界経済研究協会，3月）．
北原徹（2010a）「サブプライム金融危機と証券化のリスク分担機能」（『証券経済学会年報』，第45巻，証券経済学会，7月）．
―――（2010b）「欧州銀行とシャドーバンキング」（『SFJ金融・資本市場研究』，第2号，流動化・証券化協議会，10月）．
―――（2012）「シャドーバンキングと満期変換」（『立教経済学研究』，65巻3号，立教大学，1月）．
代田純（2011）「ユーロ危機と銀行の国債保有―ソブリンリスクと銀行の資金調達リスク―」（『証券経済研究』，第75号，日本証券経済研究所，9月）．
―――（2012）『ユーロと国債デフォルト危機』税務経理協会．
代田純編著（2010）『金融危機と証券市場の再生』同文舘．
太陽神戸三井総合研究所（1991）『世界の金融自由化　先進7カ国・ユーロ市場の比較』東洋経済新報社．
田中素香（2009）「深刻な金融・経済危機のヨーロッパ」（『世界経済評論』，Vol. 53 No. 3，世界経済研究協会，3月）．
―――（2010a）「「ドル不足」とヨーロッパの金融危機」（『経済学論纂』，第50巻第3・4号合併号，中央大学，3月）．
―――（2010b）『ユーロ　危機の中の統一通貨』岩波新書．
―――（2012）「ソブリン・金融危機とユーロ制度の変容」（『フィナンシャル・レビュー』，通巻第110号，財務省財務総合政策研究所，3月）．
田中素香・岩田健治（2008）『現代国際金融』有斐閣．
田中素香・長部重康・久保広正・岩田健治（2011）『現代ヨーロッパ経済　第3版』有斐閣．
中條誠一（2010）「世界金融危機の原因とその対応」（『経済学論纂』，第50巻第3・4号合併号，中央大学，3月）．

―――（2011）『アジアの通貨・金融協力と通貨統合』文眞堂．
新形敦（2002）「90年代における米国金融・資本市場とユーロ」（田中素香編著『単一市場・単一通貨とEU経済改革』文眞堂）．
―――（2010a）「米国発のサブプライム危機と欧米金融機関」（田中素香編著『世界経済・金融危機とヨーロッパ』勁草書房）．
―――（2010b）「欧米大手金融機関の成長戦略～金融機関の将来像～」（『みずほ総研論集』，2010年Ⅲ号，みずほ総合研究所，10月）．
―――（2013）「ポスト金融危機における欧米大手銀行の経営戦略」（『みずほリポート』，みずほ総合研究所，3月）．
新形敦・前川亜由美・風間春香（2009）「欧米の大手金融機関における投資銀行部門の展望～家計・企業の金融行動に基づく考察～」（『みずほ総研論集』，2009年Ⅲ号，みずほ総合研究所，8月）．
野々口秀樹・武田洋子（2000）「米国における金融制度改革法の概要」（『日本銀行調査月報』，2000年1月号，日本銀行，1月）．
星野郁（2009）「ヨーロッパの金融構造の変貌と金融危機」（『世界経済評論』，Vol. 53 No. 3, 世界経済研究協会，3月）．
―――（2010）「欧州金融危機の実相と展望」（『Business & Economic Review』，2010年4月号，日本総合研究所，3月）．
みずほ総合研究所（2007）『サブプライム金融危機　21世紀型経済ショックの深層』日本経済新聞出版社．
―――（2010）『ソブリン・クライシス　欧州発金融危機を読む』日本経済新聞出版社．
三谷明彦（2013a）「国際的な金融規制改革の動向（7訂版）」（『緊急レポート』，みずほ総合研究所，8月）．
―――（2013b）「シャドーバンキング規制の国際的動向」（『みずほリポート』，みずほ総合研究所，8月）．
山口昌樹（2012）『邦銀のアジア進出と国際競争力』山形大学人文学部叢書1．

Acharya, Viral V., and Iftekhar Hasan (2006), "Should Banks be Diversified? Evidence from Individual Bank Loan Portfolios," *Working Paper*, London Business School, July.
Adrian, Tobias, and Adam B. Ashcraft (2012), "Shadow Banking: A Review of the Literature," *Staff Reports*, No. 580, Federal Reserve Bank of New York, October.
Adrian, Tobias, and Hyun Song Shin (2008), "Liquidity, Monetary Policy, and Financial Cycles," *Current Issues in Economics and Finance*, Volume 14, Number 1, Federal Reserve Bank of New York, January/February.
――― (2009), "The Shadow Banking System: Implications for Financial Regulation," *Staff Reports*, No. 382, Federal Reserve Bank of New York, July.
――― (2010), "The Changing Nature of Financial Intermediation and the Financial

Crisis of 2007-09," *Staff Reports*, No. 439, Federal Reserve Bank of New York, March.

Altunbas, Yener, Simone Manganelli, and David Marques-Ibanez (2011), "Bank Risk During the Financial Crisis: Do Business Model Matter?," *Working Paper Series*, No. 1394, European Central Bank, November.

Ammer, John, and Allan D. Brunner (1994), "Are Banks Market Timers or Market Makers? Explaining Foreign Exchange Trading Profits," *International Finance Discussion Papers*, No. 484, Board of Governor of the Federal Reserve System, October.

Bakk-Simon, Klára, Stefano Borgioli, Celestino Giron, Hannah Hempell, Angela Maddaloni, Fabio Recine, and Simonetta Rosati (2012), "Shadow Banking in the Euro Area An Overview," Occasional Paper Series, No. 133, European Central Bank, April.

Bank of England (2007), *Financial Stability Report*, Issue No. 22, October.

Beltran, Daniel O., Larry Cordell, and Charles P. Thomas (2013), "Asymmetric Information and the Death of ABS CDOs," *International Finance Discussion Papers*, Number 1075, Board of Governors of the Federal Reserve System, March.

Bertaut, Carol, Laurie Pounder DeMacro, Steve Kamin, and Ralph Tryon (2011), "ABS Inflows to the United States and the Global Financial Crisis," *International Finance Discussion Papers*, Number 1028, Board of Governors of the Federal Reserve System, August.

Borio, Claudio, and Piti Disyatat (2011), "Global Imbalances and the Financial Crisis: Link or No Link," *BIS Working Papers*, No. 346, Bank for International Settlements, May.

Boyd, John, and Stan Graham (1986), "Bank Holding Company Diversification into Nonbak Lines of Business: The Effects on Risk and Rate of Return," *Working Paper*, 296, Federal Reserve Bank of Minneapolis, January.

Bush, Ramona, and Thomas Kick (2009), "Income Diversification in the German Banking Industry," Discussion Paper, Series 2: Banking and Financial Studies, No. 09/2009, Deutsche Bundesbank, August.

Carpenter, David H., and M. Maureen Murphy (2010), "The "Volcker Rule" : Proposals to Limit "Speculative" Proprietary Trading by Banks," *CRS Report*, R41298, Congressional Research Service, June.

Casserley, Dominic, Philipp Härle, and James Macdonald (2009), "Should Commercial and Investment Bank be Separated?," McKinsey&Company.

Cetorelli, Nicola, and Stavros Peristiani (2012), "The Role of Banks in Asset Securitization," *Economic Policy Review*, Volume 18, Number 2, Federal Reserve Bank of New York, July.

Committee on the Global Financial System (2007), "Institutional Investors, Global Savings and Asset Allocation," *CGFS Papers*, No. 27, Bank for International Settlements, February.

―――― (2010), "Funding Patterns and Liquidity Management of Internationally Active Banks," *CGFS Papers*, No. 39, Bank for International Settlements, May.

Cumming, Christine M., and Beverly J. Hirtle (2001), "The Challenge of Risk Management in Diversified Financial Companies," *Economic Policy Review*, Volume 7, Number 1, Federal Reserve Bank of New York, March.

Demsetz, Rebecca S., and Philip E. Strahan (1995), "Diversification, Size, and Risk at Bank Holding Companies," Resrearch Paper, No. 9506, Federal Reserve Bank of New York, April.

Dorrucci, Ettore, and Julie McKay (2011), "The International Monetary System after the Financial Crisis," Working Paper Series, No. 123, European Central Bank, February.

Drucker, Steven, and Manju Puri (2005), "On the Benefits of Concurrent Lending and Underwriting," *Journal of Finance*, Vol. LX, No. 6, International Monetary Fund, December.

Eichengreen, Barry (2008), "Ten Questions About the Subprime Crisis," *Financial Stability Review*, No. 11, Banque de France, February.

Financial Stability Board (2011), "Shadow Banking: Scoping the Issues," *A Background Note of the Financial Stability Board*, April.

Focarelli, Dario, David Marques-Ibanez, and Alberto Franco Pozzolo (2011), "Are Universal Banks Better Underwriters? Evidence from the Last Days of the Glass-Steagall Act," *Working Paper Series*, No. 1287, European Central Bank, January.

Gibson, Michael S. (2004), "Understanding the Risk of Synthetic CDOs," *Finance and Economics Discussion Series*, 2004-36, Board of Governors of the Federal Reserve System, June.

―――― (2007), "Credit Derivatives and Risk Management," *Finance and Economics Discussion Series*, 2007-47, Board of Governors of the Federal Reserve System, October.

High-level Expert Group (2012), "Liikanen Report," High-level Expert Group on reforming the structure of the EU banking sector, European Commission, October.

Independent Commission on Banking (2011), "Final Report Recommendations," September.

International Monetary Fund (2008a), *Global Financial Stability Report*, April.

―――― (2008b), *Global Financial Stability Report*, October.

―――― (2009a), *Global Financial Stability Report*, April.

―――― (2009b), *Global Financial Stability Report*, October.

―――― (2010a), *Global Financial Stability Report*, April.

―――― (2010b), *Global Financial Stability Report*, October.

―――― (2011a), *Global Financial Stability Report*, April.

―――(2011b), *Global Financial Stability Report*, September.
―――(2012a), *Global Financial Stability Report*, April.
―――(2012b), *Global Financial Stability Report*, October.
―――(2013), *Global Financial Stability Report*, April.
Kroszner, Randall S., and Raghuram G. Rajan (1994), "Is the Glass-Steagall Act Justified? A Study of the U.S. Experience with Universal Banking Before 1933," *The American Economic Review*, Vol. 84, No. 4, September.
McGuire, Patrick, and Goetz von Pater (2009), "The US Dollar Shortage in Global Banking," *BIS Quarterly Review*, March 2009, Bank for International Settlements, March.
Mishkin, Frederic S. (2009), "Why We shouldn't Turn Our Backs on Financial Globalization," *IMF staff papers*, Volume 56, Number 1, March.
Mustier, Jean-Pierre, and Alain Dubois (2007), "Risks and Return of Banking Activities Related to Hedge Funds," *Financial Stability Review*, No. 10, Banque de France, April.
Pozsar, Zoltan, Tobias Adrian, Adam Ashcraft, and Hayley Boesky (2010), "Shadow Banking," *Staff Reports*, No. 458, Federal Reserve Bank of New York, July.
Rixtel, Adrian van, and Gabriele Gasperini (2013), "Financial Crises and Bank Funding: Recent Experience in the Euro Area," *BIS Working Papers*, No. 406, Bank for International Settlements, March.
Rosen, Richard J. (2010), "The Impact of the Originate-to-Distribute Model on Banks Before and During the Financial Crisis," *Working Papers*, WP 2010-20, Federal Reserve Bank of Chicago, November.
Schildbach, Jan (2012), "Universal banks: Optimal for Clients and Financial Stability," *Current Issues*, DB Research, Deutsche Bank, November.
Shin, Hyun Song (2012), "Global Banking Glut and Loan Risk Premium," *Mundell-Fleming Lecture*, 2011 IMF Annual Research Conference, January.
Sirri, Erik (2004), "Investment Banks, Scope, and Unavoidable Conflicts of Interest," *Economic Review*, Fourth Quarter, Volume 89, Number 4, Federal Reserve Bank of Atlanta, December.
Stiroh, Kevin J., and Adrienne Rumble (2005), "The Dark Side of Diversification: The Case of US Financial Holding Companies," *Journal of Banking & Finance*, 30, July.
Templeton, William K., and Jacobus T. Severiens (1992), "The Effect of Nonbank Diversification on Bank Holding Company Risk," *Quarterly Journal of Business and Economics*, Vol. 31, No. 4, Autumn.
White, Eugene N. (1986), "Before the Glass-Steagall Act: An Analysis of the Investment Banking Activities of National Banks," *Explorations in Economic History*, Volume 23, Issue 1, January.

補論 (参考資料)
個別銀行の概要

1. 米銀

(1) JPモルガン・チェース

(a) 歴史

91年, マニュファクチャラーズ・ハノーバーとケミカルが合併し, 新生ケミカルとなる。95年, チェース・マンハッタンとケミカルが合併し, 新生チェース・マンハッタンとなる。

2000年, JPモルガンとチェース・マンハッタンが合併し, JPモルガン・チェースとなる。2004年, 旧JPモルガン・チェースと, 現JPモルガン・チェース会長兼CEOのジェイミー・ダイモン氏率いるシカゴのバンク・ワンとが合併。2008年, 破綻危機にあった米投資銀行5位のベア・スターンズを救済合併し, 同年, リーマン・ショック後に破綻したワシントン・ミューチュアルを買収し, 現在では資産規模で全米トップの銀行となっている (2014年末時点)。

(b) ビジネスモデル

大企業向け法人業務に強みがあったJPモルガン, 商業銀行業務に強みがあったチェース・マンハッタン, リテール業務に強みがあったバンク・ワンに加え, 投資銀行のベア・スターンズや西海岸のリテール業務に強みを持つワシントン・ミューチュアルを買収したことで, 各業務からバランスよく収益を計上。財務基盤も強固で安定した業績を計上している。

(c) 業績

金融危機後も各業務とも総じて業績拡大が続く（図表補-1）。財務基盤も安定しており，一部米銀他行や同欧州銀行の業績低迷が続くなか，グローバル銀行業界での存在感がさらに高まっている。

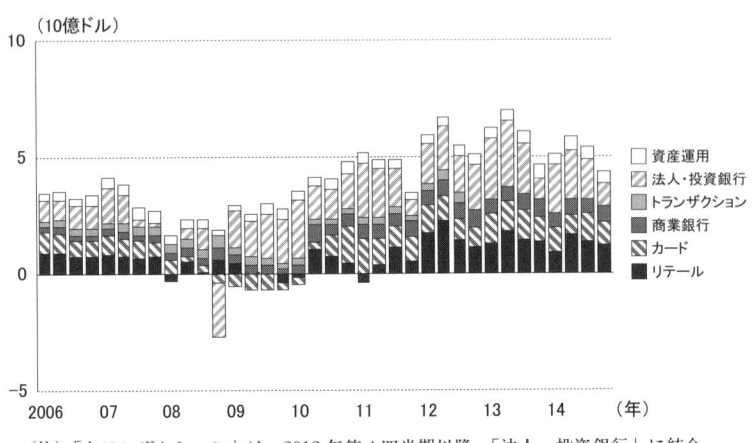

図表補-1　JPモルガン・チェースのビジネスライン別利益（純利益）

(注)「トランザクション」は，2012年第4四半期以降，「法人・投資銀行」に統合。
(資料) 決算資料より作成。

(2) バンク・オブ・アメリカ

(a) 歴史

98年，ノースカロライナ州シャーロットを地盤とするネーションズが，カリフォルニア州サンフランシスコを地盤とするバンク・オブ・アメリカを買収し，新生バンク・オブ・アメリカとなり，米国の東西両岸をカバーするスーパー・リージョナルバンク（広域地銀）が誕生した。その後，2001年に就任したケネス・ルイス前CEOの下で積極的な買収を行い，2004年には，マサチューセッツ州ボストンを地盤とするフリート・ボストンを買収し，ボストン，ニューヨークなど東海岸の大都市への進出を果たした。その後も，2005年の米クレジットカード会社MBNA，2007年の米プライベート・バンクであるUSトラスト，2008年の米住宅ローン会社カントリーワイドなどを次々と買収した。さらに，2008年のリーマン・ショック直後には，米投資銀行3位

のメリルリンチを買収した。しかし，カントリーワイドが組成したサブプライム・ローンの焦げ付きや，メリルリンチが保有していた証券化商品価格の下落から巨額損失を計上し，ルイスCEOが退任することになった。

(b) ビジネスモデル

元々，商業銀行業務中心のスーパー・リージョナルバンクであったが，メリルリンチ買収により大幅に投資銀行業務が強化されることになった。カントリーワイドの不動産業務を引き継いだリテール業務の不振が継続している。

(c) 業績

金融危機以前はリテール業務中心に業績は好調であったが，2008年後半は旧メリルリンチの証券化商品損失，その後は旧カントリーワイドの住宅ローンの焦げ付きによりリテール業務が不振で，業績の回復は鈍い（図表補-2）。

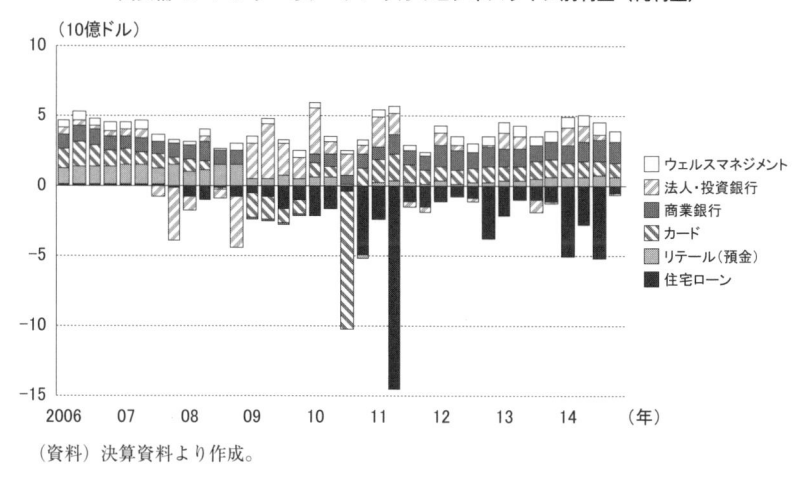

図表補-2　バンク・オブ・アメリカのビジネスライン別利益（純利益）

（資料）決算資料より作成。

(3) シティグループ

(a) 歴史

98年，リテール証券会社のスミス・バーニー（88年買収）や，大手投資銀

行のソロモン・ブラザース（97年）を買収していた米保険会社トラベラーズが，サンディ・ワイル CEO（当時）の下，GLB 法成立を見越してシティコープと合併してシティグループとなり，同法成立を待たずして，米国において，傘下に銀行・証券・保険を抱える本格的なユニバーサルバンクが誕生した。ちなみに，この時までワイル氏の右腕だったのが，現 JP モルガン・チェース会長兼 CEO のダイモン氏である。ただし，その後，保険部門を次第に縮小する一方，2000 年代のクレジット・ブームの下で，旧ソロモン・ブラザーズを引き継ぎ強みがあった投資銀行業務にますます注力した結果，サブプライム危機に伴い証券化商品で巨額の損失を被った。リーマン・ショック後，業績低迷が続くなか，2013 年にはリテール証券部門となっていたスミス・バーニーをモルガン・スタンレーに売却した。

(b) ビジネスモデル

米国の元祖ユニバーサルバンクであり，リテール業務，投資銀行業務などの業務面ばかりでなく，旧シティコープのグローバル・ネットワークにより，地理的にもグローバルに業務展開している。金融危機時に投資銀行業務で巨額損

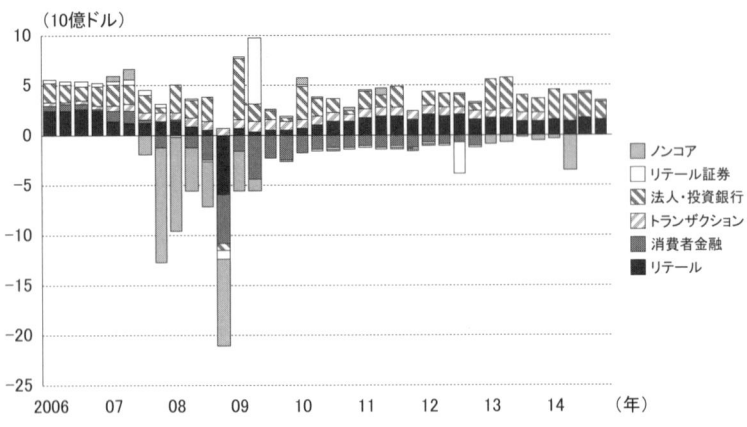

図表補-3　シティグループのビジネスライン別利益（純利益）

(注)「リテール証券」，「消費者金融」は，2013 年第 1 四半期以降，「ノンコア」に統合。
(資料) 決算資料より作成。

失を計上したが，金融危機後は元々強みがあるグローバル・ネットワークを活かし，業績回復を図っている。

(c) 業績

金融危機時の投資銀行業務の損失が巨額で，その後業績低迷が続く（図表補-3）。ただし，元々の強みであるグローバル・ネットワークを活かし，アジアなど成長地域を取り込むことで，業績は上向きつつある。

(4) ゴールドマン・サックス

(a) 歴史

1869年設立の投資銀行で，欧米系としては珍しく大型合併をせずに現在に至っている。投資銀行業務において常に世界のトップクラスに位置付けられる一方，1999年に株式公開するまでパートナーシップ形態（幹部（パートナー）による共同経営方式）を保つなど，独特の存在であり続けている。サブプライム危機の際には，証券化商品の損失は相対的に小さかったものの，2008年のリーマン・ショック直後には，金融市場が機能停止するなか資金調達が逼迫し，急遽銀行持株会社を設立することでFRBの監督下に入った。ロバート・ルービン元財務長官，ジョン・コーザイン元米上院議員（後にニュージャージー州知事を務めた後，大手ヘッジファンドMFグローバル会長兼CEOに転じるが，不正取引から同社は破綻），ヘンリー・ポールソン元財務長官など，政界に多くの出身者を送り込んでいることでも有名。ウィリアム・ダッドレーNY連銀総裁も元ゴールドマン・サックスのチーフ・エコノミスト，マリオ・ドラギECB総裁も欧州ゴールドマン・サックス副会長を勤めたことがある。

(b) ビジネスモデル

2008年に銀行に業態転換しているものの，業務内容は，基本的に設立以来の投資銀行業務が主体である。投資銀行業務においては，トレーディング業務の割合が大きく，巨大なトレーディング会社となっている。

(c) 業績

金融危機時の損失が相対的に小さく，危機後の業績回復も総じて堅調（図表補-4）。依然として投資銀行業務の分野では世界でトップクラスの地位を維持しているが，金融規制の強化など投資銀行業務への逆風が続くなか，金融危機以前ほどの勢いは失われている。

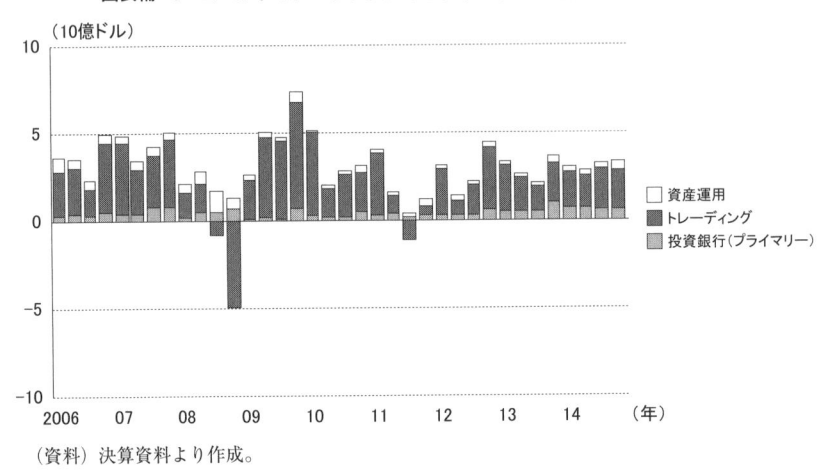

図表補-4　ゴールドマン・サックスのビジネスライン別利益（税引前利益）

（資料）決算資料より作成。

(5) モルガン・スタンレー

(a) 歴史

元々JPモルガンの投資銀行部門であったが，33年のグラス・スティーガル法成立により，35年に投資銀行部門がモルガン・スタンレーとして分社化された。97年，クレジットカード会社ディスカバーを傘下に持つリテール証券会社のディーン・ウィッターと合併し，リテール証券業務の強化を図る。しかし，97年，ディスカバーはスピンオフされる一方，クレジット・ブームのなかでトレーディング業務の比重を高め，サブプライム危機の際には巨額の損失を被った。2008年のリーマン・ショック直後には，ゴールドマン・サックスとともに急遽銀行持株会社を設立し，FRBの監督下に入る。さらに，三菱UFJグループから90億ドルの優先株出資を受け（2011年に普通株に転換），

信用補完を図った。2013年には，2009年よりシティグループとの合弁リテール証券部門となっていたモルガン・スタンレー・スミス・バーニーの全株を取得するなど，再びリテール証券業務の強化を図っている。

(b) ビジネスモデル

2000年代前半のクレジット・ブームの時期にはトレーディング業務の比重を高めていたが，巨額損失を計上したことから，金融危機後は，投資銀行業務の比重を落とし，リテール証券業務や資産運用業務の比重を高めるなど，ビジネスモデルの転換を図っている。投資銀行業務と資産運用業務を軸にしており，スイスの銀行に近い形になりつつある。

(c) 業績

金融危機時には，証券化商品の損失が発生し，投資銀行業務は大幅赤字を計上した（図表補-5）。金融危機後は次第にウェルスマネジメント業務や資産運用業務の拡充を図っているが，これまでのところ業績への貢献度は限定的で，ライバルのゴールドマン・サックスなどと比べ，業績回復は鈍い。

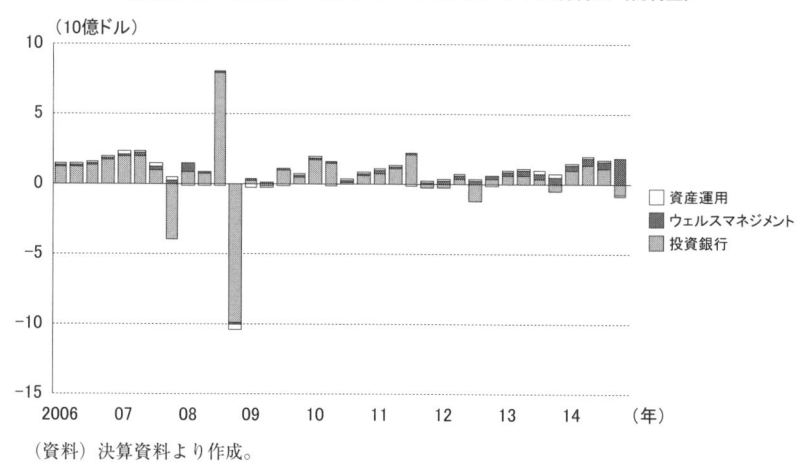

図表補-5 モルガン・スタンレーのビジネスライン別利益（純利益）

(資料) 決算資料より作成。

2. 欧州銀行

(1) ドイツ銀行

(a) 歴史

1870年設立のドイツの名門銀行。ドレスナー銀行，コメルツ銀行とともにドイツ3大銀行を形成していたが，規模や収益力で他の2行を圧倒していた（ドレスナー銀行は，95年に英マーチャント・バンクのクラインオート・ベンソンを買収して投資銀行業務を強化するなどドイツ銀行に追随していたが，2002年にドイツ大手保険会社アリアンツに買収され，さらに2009年にはアリアンツから分離されてコメルツ銀行に買収された。コメルツ銀行も買収したドレスナー銀行の証券化商品損失や自らの不良債権に苦しみ，ドイツ銀行との収益格差はさらに拡大している）。89年には英名門マーチャント・バンクのモルガン・グレンフェルを買収，99年には米バンカーズ・トラストを買収して，大手米銀に比肩するグローバル・ユニバーサルバンクの一角に食い込んでいる。2010年，ABNアムロのオランダ部門を買収して商業銀行業務を拡充するとともに，ドイツのポストバンクを買収してドイツの国内リテール業務の再強化も図る。

(b) ビジネスモデル

89年の英モルガン・グレンフェル，98年の米バンカーズ・トラストの買収を通じて投資銀行業務を大幅に強化し，投資銀行業務の分野でも，大手米銀に匹敵するプレゼンスを確保している。リテール業務については，80年代に南欧進出を通じて強化していたものの，その後は縮小。ただし，金融危機後はポストバンクの買収を通じてリテール業務を再強化するなど，投資銀行業務に偏りすぎたビジネスモデルの修正を図っている。

(c) 業績

金融危機時には証券化商品の損失から大幅赤字を計上したが，金融危機後は

投資銀行業務の回復とポストバンク買収に伴うリテール業務の貢献から業績は回復基調にある（図表補-6）。ただし，金融規制強化への対応などが業績回復の重石になっている。

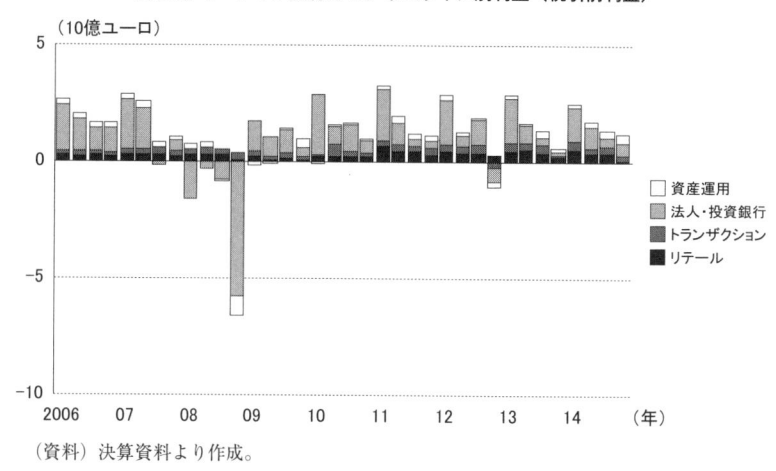

図表補-6　ドイツ銀行のビジネスライン別利益（税引前利益）

（資料）決算資料より作成。

(2) UBS

(a) 歴史

98年，スイス3大銀行のうち，スイス銀行とユニオン・バンク・オブ・スイッツァーランド（旧UBS）が合併し，新生UBSが誕生した（3大銀行のもうひとつはクレディ・スイス）。旧スイス銀行は，95年に英マーチャント・バンクのS.G. ウォーバーグ，97年に米投資銀行ディロン・リードを買収するなど，投資銀行業務の強化に熱心であり，新生UBSも，元々の強みであるプライベート・バンク業務とともに，投資銀行業務を強化してきた。2000年には，新生UBSの下で米リテール証券ペイン・ウェバーを買収するなどリテール証券業務も拡大している。ただし，サブプライム危機の際には証券化商品で巨額損失を被った。

(b) ビジネスモデル

本来の強みであるプライベート・バンク（ウェルスマネジメント）業務と，買収を通じて強化した投資銀行業務がかつての2本柱。リテール業務はスイス国内のみで割合は小さい。金融危機時には，最も巨額の損失を被った銀行のひとつであり，近年は，債券トレーディング業務から実質的に撤退し，ウェルスマネジメント業務中心のモデルに戻す過程にある。

(c) 業績

金融危機時に証券化商品で巨額の損失を計上し，その後も業績が低迷している（図表補-7）。債券トレーディング業務から実質的に撤退するなか，業績回復はウェルスマネジメント業務に依存しているが，ウェルスマネジメント業務の収益水準は元々さほど大きくないため，業績を押し上げるまでには至っていない。

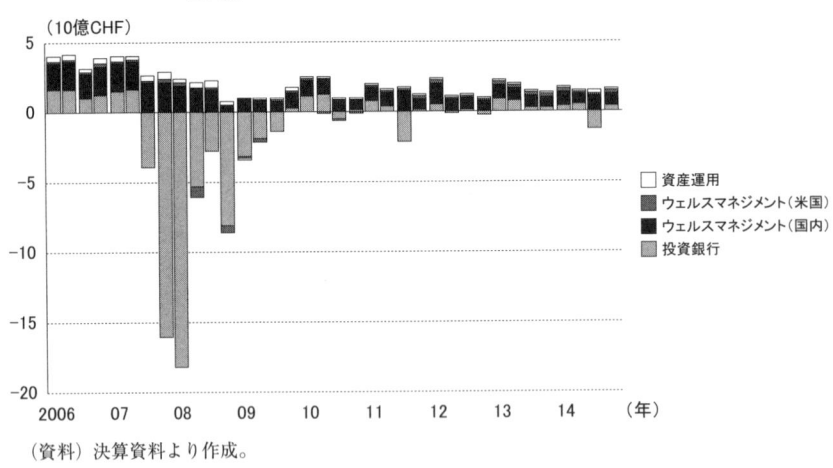

図表補-7　UBSのビジネスライン別利益（税引前利益）

凡例：資産運用／ウェルスマネジメント（米国）／ウェルスマネジメント（国内）／投資銀行

（資料）決算資料より作成。

(3) クレディ・スイス

(a) 歴史

旧UBS，スイス銀行と並ぶスイス3大銀行の一角。元々プライベート・バンク業務に強みがあるが，他のスイス大手銀行と同様に，1988年に米投資銀

行ファースト・ボストン，2000年に同ドナルドソン・ラフキン・ジェンレットを買収するなど，投資銀行業務を強化してきた。金融危機の際にはUBSが巨額の損失を被ったのに比べ，クレディ・スイスの損失は相対的に軽微にとどまった。

(b) ビジネスモデル

本来の強みであるプライベート・バンク（ウェルスマネジメント）業務と，買収を通じて強化した投資銀行業務が2本柱のビジネスモデル。リテール業務はスイス国内のみで割合は小さい。ライバルのUBSが債券トレーディング業務から撤退するなか，クレディ・スイスのトレーディング業務の見直しは相対的に小幅にとどまっている。

(c) 業績

金融危機時の証券化商品の損失は，他の欧米大手銀行と比べて相対的に小規模にとどまる（図表補-8）。このため，危機後も業績は比較的安定しているが，金融規制が強化されるなか，プライベート・バンク業務を再強化するなどビジネスモデルの調整を行っている。

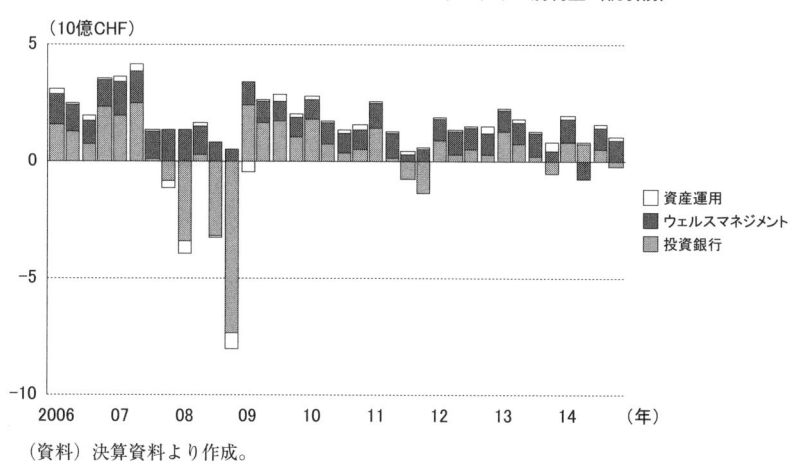

図表補-8　クレディ・スイスのビジネスライン別利益（税引前）

（資料）決算資料より作成。

(4) BNP パリバ

(a) 歴史

2000年，パリ国立銀行が，ソシエテ・ジェネラルと合併予定だったパリバの買収に成功し，BNPパリバが誕生した。2006年にはイタリアのBNLバンカ・コメリカーレ，2009年には解体されたベルギー大手銀行フォルティスを買収するなど，フランス周辺国において業務を拡大している。BNPパリバは，フランス，イタリア，ベネルクス3国を合わせて，「国内市場」と呼んでいる。

(b) ビジネスモデル

商業銀行業務に強いパリ国立銀行と投資銀行業務に強いパリバが合併したことで，バランスが取れたビジネスモデルとなっている。2007年8月，傘下の資産運用会社で一時資金凍結したことで「パリバ・ショック」を引き起こしたが，BNPパリバ自体は証券化商品での損失は少なかった。ただし，他のフランス大手銀行同様，市場経由で資金調達している割合が高く，ユーロ危機の際には南欧国債の保有残高の大きさに加え，バランスシート構造の脆弱性が問題視された。最近は，アジアや米国など，一部戦略的地域におけるグローバル業務を再び強化している。

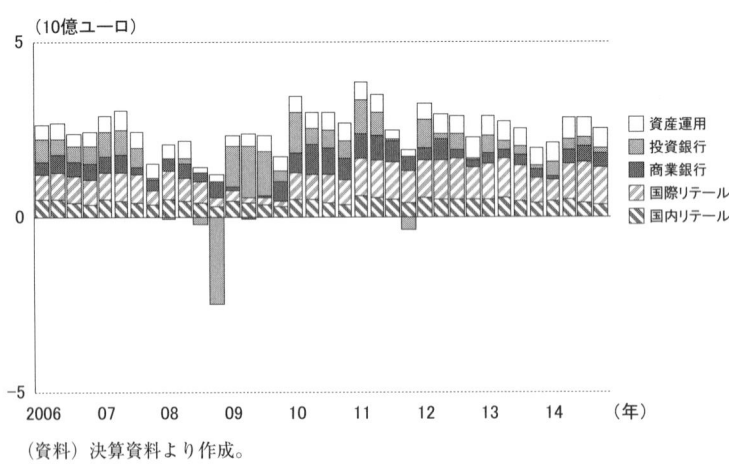

図表補-9　BNPパリバのビジネスライン別利益（税引前利益）

（資料）決算資料より作成。

(c) 業績

サブプライム危機時の損失は小さく,2008年第4四半期を除き,一貫して黒字を維持してきた（図表補-9）。リテール業務,投資銀行業務ともに堅調に推移している。ユーロ危機の際には,バランスシート構造の脆弱性から資金調達が一時困難になったものの,業績が悪化していたわけではない。

(5) クレディ・アグリコル

(a) 歴史

1894年,多数の中小農業銀行が株主となる形で,クレディ・アグリコルが設立された。元々はリテール業務中心の銀行であったが,96年にインド・スエズ銀行を買収して国際業務を強化するとともに,2003年にはクレディ・リヨネを買収して投資銀行業務を大幅に強化した。同時に,イタリア,ギリシャの銀行を買収するなど,南欧などで業務を拡大してきた。サブプライム危機に伴う証券化商品の損失や,ユーロ危機に伴うギリシャ子会社エンポリキの損失から業績が悪化し,2012年にはアジアの証券ブローカレッジ部門を中国の中信銀行（CITIC）に売却している。

(b) ビジネスモデル

フランス国内に広範な店舗ネットワークを有するなど元々リテール業務が強いことに加え,クレディ・リヨネの買収を通じて投資銀行業務も強化していた。ただし,サブプライム危機では証券化商品で巨額の損失を計上した上に,ユーロ危機ではギリシャ子会社経由の損失も嵩み,投資銀行業務や国際業務の縮小などのビジネスモデルの見直しを進めている。

(c) 業績

サブプライム危機時には証券化商品の損失,ユーロ危機時には傘下のギリシャ・エンポリキの巨額赤字により業績低迷が続く（図表補-10）。2012年にエンポリキを売却したものの,依然イタリア子会社のカリパルマが業績低迷の原因のひとつとなっている。

図表補-10　クレディ・アグリコルのビジネスライン別利益

（資料）決算資料より作成。

(6) ソシエテ・ジェネラル

(a) 歴史

97年，ソシエテ・ジェネラルはクレディ・デュ・ノールを買収し，フランス国内リテール業務を強化した。99年には，投資銀行業務の強化を図るべく，パリバとの合併を予定していたが，パリバがパリ国立銀行と合併したことで破談。98年に，複数の英米中小投資銀行を買収することで，投資銀行業務を強化してきた。

(b) ビジネスモデル

中東欧やアフリカ諸国にも積極的に進出している。投資銀行業務にも積極的であったが，証券化商品で巨額の損失を計上。ユーロ危機時には，南欧との関係性の深さやバランスシート構造の脆弱性から，BNPパリバなどとともに，市場の標的となった。

(c) 業績

金融危機の際の証券化商品関連の損失が大きく，不良資産管理部門の設立や

資産圧縮などのリストラを実施しており，金融危機後の業績回復は，BNPパリバに比べて遅れている（図表補-11）。

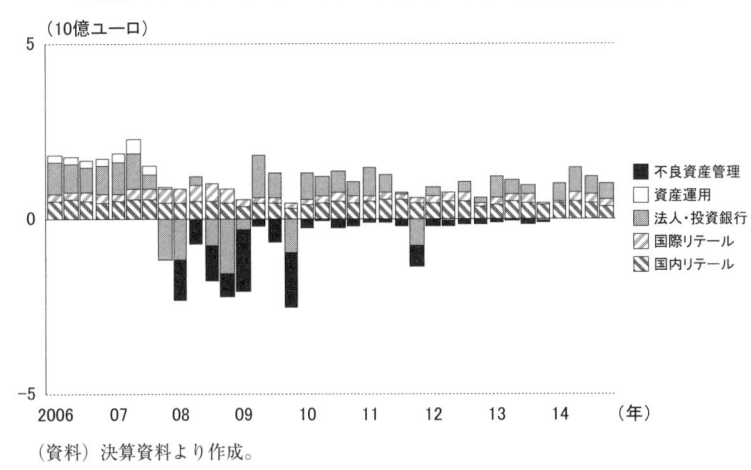

図表補-11　ソシエテ・ジェネラルのビジネスライン別利益（税引前利益）

（資料）決算資料より作成。

3. 英銀

(1) バークレイズ

(a) 歴史

　ロイズ，ミッドランド（現 HSBC），ナショナル・ウエストミンスター（現RBS）と並ぶ，旧英4大銀行の一角。86年に自前で投資銀行部門を立ち上げ，その後，投資銀行業務を強化してきたが，2008年に破綻したリーマン・ブラザーズの北米部門の買収に伴い，大手米銀やドイツ銀行に並ぶ，本格的なグローバル・ユニバーサルバンクとなった。また，2005年に南アフリカ大手銀行アブサの大株主となるなど，旧植民地を中心にアフリカでもプレゼンスを拡大している。他方で，2009年には当時運用資産残高で世界最大であった資産運用部門（バークレイズ・グローバル・インベスターズ（BGI））を米大手資産運用会社ブラックロックに売却するなど，事業の取捨選択も進めている。

146　補論（参考資料）　個別銀行の概要

(b) ビジネスモデル

　リテール業務と投資銀行業務が業績の2本柱。リーマン・ブラザーズ買収を通じて投資銀行業務が大幅に強化され，大手米銀やドイツ銀行とともに，グローバル・ユニバーサルバンクとなっている。ただし，英国における住宅ローン保険の不適切な販売等，多くの訴訟を抱えるなど政治的な風当たりが強い。

(c) 業績

　金融危機時の証券化商品の損失が相対的に少なく，2009年以降は買収したリーマン・ブラザーズも大きく寄与する形で投資銀行業務が業績を牽引してきた（図表補-12）。ただし，金融規制強化を受け，ドイツ銀行と同様，投資銀行業務に偏りすぎたビジネスモデルの修正を図っている。

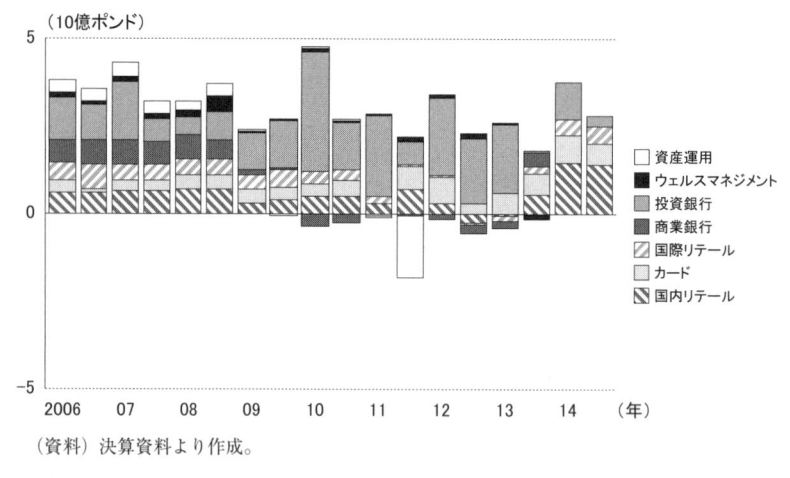

図表補-12　バークレイズのビジネスライン別利益（税引前利益）

（資料）決算資料より作成。

(2) ロイヤル・バンク・オブ・スコットランド（RBS）

(a) 歴史

　元々はスコットランドの商業銀行であったが，業務拡大に積極的で，88年には米マサチューセッツ州を地盤とするシチズンズを買収する。2000年には，旧英4大商業銀行の一角であるナショナル・ウェストミンスター（ナットウェ

スト）を買収し，英国ロンドンでのプレゼンスを確たるものとした。同時に，96年にナットウェストが買収していた米投資銀行グリニッチ・キャピタルを基盤に投資銀行業務を強化してきた。2007年，RBS，スペインのサンタンデール，ベルギーのフォルティスの3社連合により，バークレイズとの争奪戦の後にオランダのABNアムロを買収し，RBSはABNアムロの法人部門を獲得した。しかし，サブプライム危機の発生に伴い，ABNアムロが抱えていた証券化商品で巨額の損失を被り，2008年のリーマン・ショック直後，英国政府より公的資金が投入され，実質国有化されている。

(b) ビジネスモデル

2001年に就任したフレッド・グッドウィン元CEOの下，リーマン・ショックまでは急速な拡大戦略を進め，リテール業務，投資銀行業務が業績を牽引してきた。しかし，国有化された後は，投資銀行業務を大幅縮小する一方，リテール業務に再度経営資源の多くを振り向けている。

(c) 業績

2007年～08年にかけて，証券化商品で巨額の損失を計上した（図表補-13）。

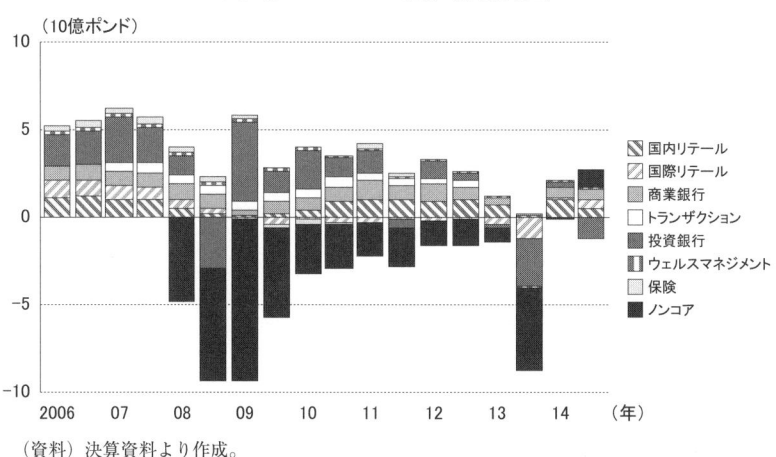

図表補-13　RBSの業績（税引前利益）

(資料) 決算資料より作成。

国有化された後，不良資産管理部門（ノンコア部門）を設立して不良資産処理を進めてきた。リテール業務は比較的堅調に推移しているが，バークレイズ同様，住宅ローン保険の不適切な販売に伴う訴訟関連費用が業績の重石となっている。

4．アジアの大手銀行

(1) HSBC
(a) 歴史

1865年，欧州と中国・インド間の貿易金融の提供を目的に香港で設立され，設立翌月には上海支店を開設している。英国資本の銀行であるものの，設立時からアジアを中心に事業拡大しており，現在でもアジアを中心とした新興地域における広範なネットワークが強みとなっている。一方で，1992年には旧英4大銀行の一角であるミッドランド銀行を買収，2003年には米大手消費者金融会社ハウスホールドを買収するなど，欧米事業も拡大してきた。しかし，米国では旧ハウスホールドが組成したサブプライム・ローンの焦げ付きにより赤字を計上したことから，金融危機後は米国事業を大幅縮小し，アジアや中南米など新興地域での業務を再び強化している。ただし，2011年に就任したスチュワート・ガリバーCEOの下，例えば，2012～2013年にかけて日本や韓国のリテール業務からは撤退するなど，収益性などの観点からシビアに業務の存続可否を判断している。

(b) ビジネスモデル

実質的な本拠地である香港では，スタンダード・チャータード，中国銀行とともに発券銀行を務めるなど地場の中心的銀行であり，リテール業務を含め，大規模に業務展開している。また，広範なグローバル・ネットワークを通じ，トレード・ファイナンスにも強みがある。香港を除く地域では，中堅企業や投資銀行業務など法人業務の比重が高い。さらに，リーマン・ショック後に他の欧米大手銀行が投資銀行業務を縮小するなか，欧米大手銀行の投資銀行部門出

身の人材を増強するなど,投資銀行業務の強化を図っている。

(c) 業績

証券化商品の損失は少なかったものの,旧ハウスホールドが組成したサブプライム・ローンの不良債権化により損失が発生した(図表補-14)。ただし,アジアなど新興地域の業務に支えられ,金融危機後も業績は総じて堅調である。

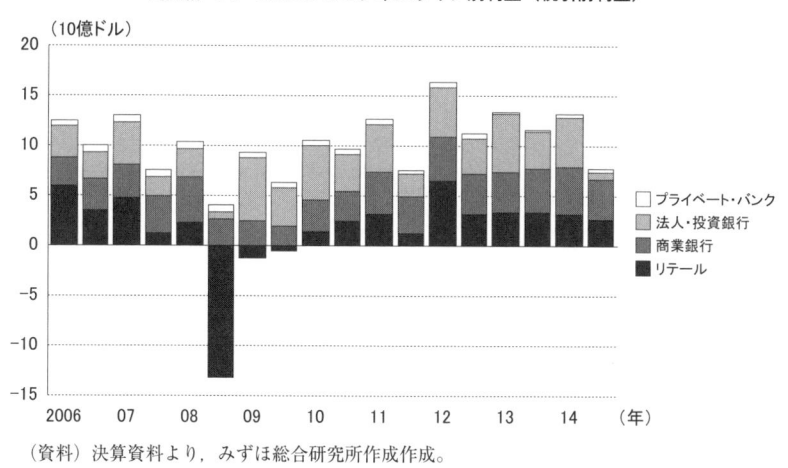

図表補-14 HSBCのビジネスライン別利益(税引前利益)

(資料)決算資料より,みずほ総合研究所作成作成。

(2) スタンダード・チャータード

(a) 歴史

前身は,1858年にインド(ムンバイ,コルカタ)と中国(上海)で設立されたチャータード・バンクと,1862年に南アフリカで設立されたスタンダード・バンク。1969年に両行が合併して,スタンダード・チャータードが誕生した。英国資本の銀行であるものの,HSBCと同様,設立目的は欧州とアジアやアフリカ間の貿易金融の提供にあり,現在でも,アジア,中東アフリカを中心とした新興地域で業務展開している。

(b) ビジネスモデル

香港では，HSBC，中国銀行とともに発券銀行で，リテール業務を含め，広範に業務を行っている。ただし，HSBC 同様，香港を除くと法人向け業務の比重が大きい。リーマン・ショック後には，欧米大手銀行出身の人材を確保するなど，投資銀行業務の強化に積極的である。

(c) 業績

金融危機の影響はほとんど受けておらず，金融危機後も増収増益基調が継続している（図表補-15）。金融危機後，最も業績が好調な銀行のひとつであるが，新興地域へのエクスポージャーが多いため，新興地域経済の減速がリスク要因となっている。

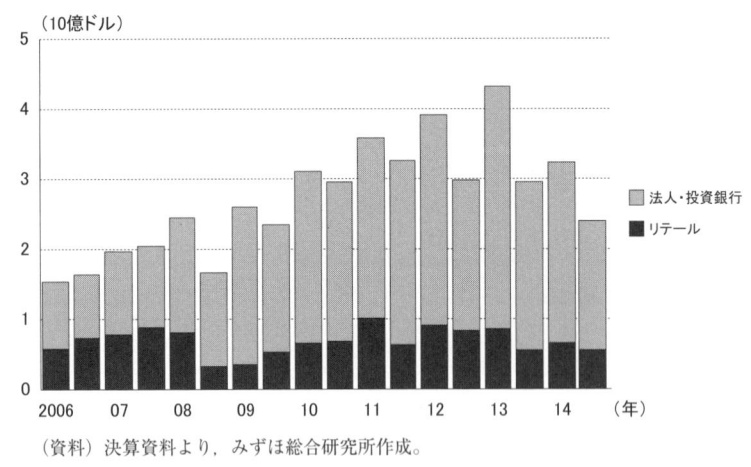

図表補-15　スタンダード・チャータードのビジネスライン別利益（税引前利益）

（資料）決算資料より，みずほ総合研究所作成。

(3) DBS

(a) 歴史

68 年，シンガポール開発銀行（Development Bank of Singapore）という国策銀行として発足し，99 年に民営化された後，2003 年に DBS に改名されている。現在でも，シンガポールの SWF であるテマセクが 10％超の株式を保有し

ている。98年，シンガポールの郵便貯蓄銀行を買収して国内リテール業務を拡充する一方，近年は東南アジア諸国連合（ASEAN）を中心としたアジア地域において，積極的に業務展開している。

(b) ビジネスモデル

地元シンガポールやマレーシアのなかで最大手銀行であり，リテール業務から投資銀行業務まで広範に業務展開している。地理的にも，ASEAN，中国，インドなど，汎アジアで業務を拡大している。シティグループ出身のピユシュ・グプタCEOの下，アジアの大手銀行では最も洗練された銀行のひとつであり，近年は投資銀行業務を強化するなか，アジア地域においては，欧米大手銀行や邦銀メガ3行のライバルとなっている。

(c) 業績

金融危機以前から増収増益基調が継続している（図表補-16）。ビジネスライン別では，リテール業務が安定的に推移している一方，収益を牽引しているのは法人・投資銀行業務となっている。

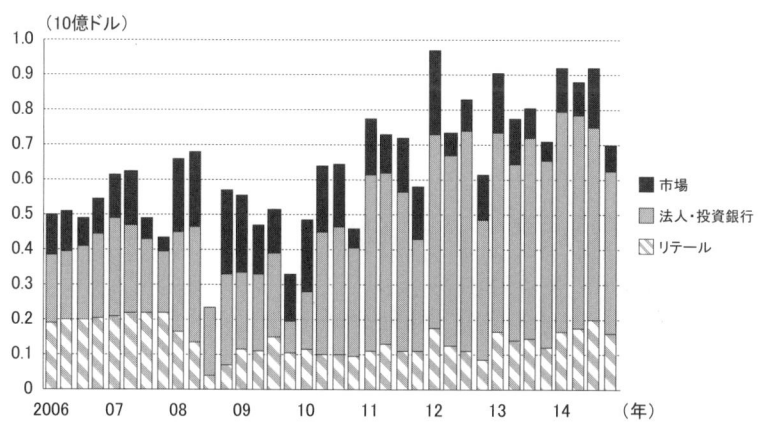

図表補-16　DBSのビジネスライン別利益（税引前利益）

（注）各期末の為替相場にて，米ドル換算。
（資料）決算資料より作成。

(4) オーバーシーズ・チャイニーズ・バンク（OCBC）

(a) 歴史

32年、華僑系の3銀行が合併して、オーバーシーズ・チャイニーズ・バンク（OCBC）が設立された。2010年、オランダのINGより、アジアのプライベート・バンク業務を買収している。

(b) ビジネスモデル

シンガポール大手銀行であるDBSやUOB同様、リテール業務から投資銀行業務まで営むユニバーサルバンクであり、地理的には、ASEANと中国を中心に汎アジアで業務展開している。

(c) 業績

金融危機以前から増収増益基調が継続している（図表補-17）。ビジネスライン別では、リテール業務が安定的に推移している一方、収益を牽引しているのは、DBS同様、やはり法人・投資銀行業務となっている。

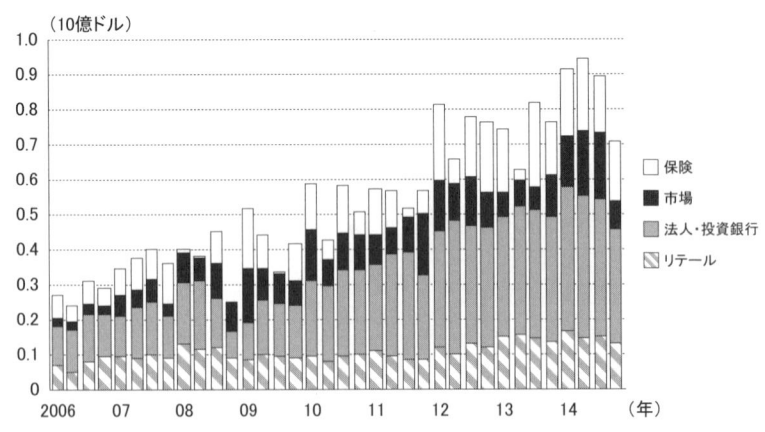

図表補-17　OCBCのビジネスライン別利益（税引前利益）

(注) 各期末の為替相場にて、米ドル換算。
(資料) 決算資料より作成。

(5) ユナイテッド・オーバーシーズ・バンク（UOB）

(a) 歴史

1935年，シンガポールの華僑系銀行として，ユナイテッド・チャイニーズ・バンクが設立され，1965年に現在のユナイテッド・オーバーシーズ・バンク（UOB）に改名された。シンガポールの他の2行と同様，ASEAN地域を中心に業務展開している。

(b) ビジネスモデル

他のシンガポール大手銀行であるDBSやOCBC同様，業務的にはリテール業務から投資銀行業務まで営むユニバーサルバンクであるが，他の2行に比べ，ややリテール業務の割合が高い。地理的には，ASEANを重視している。

(c) 業績

金融危機以前から，緩やかながら，増収増益基調が継続している（図表補-18）。ビジネスライン別では，リテール業務の利益水準は高いものの，伸びという観点では，法人・投資銀行業務が牽引している。

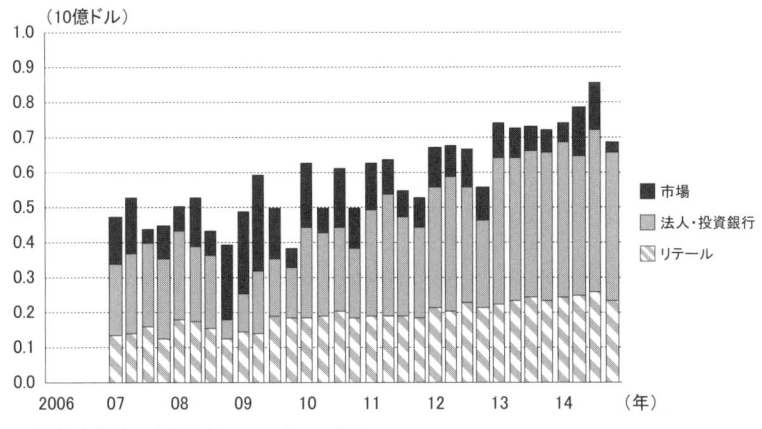

図表補-18　UOBのビジネスライン別利益（税引前利益）

(注) 各期末の為替相場にて，米ドル換算。
(資料) 決算資料より作成。

154　補論（参考資料）　個別銀行の概要

(6) マラヤン・バンキング（メイバンク）

(a) 歴史

60年，マラヤン・バンキング（メイバンク）が設立された。基本的にはイスラム金融を含めマレーシア国内業務を強化してきたが，2011年にはシンガポール大手証券会社キム・エン・ホールディングスを買収し，アジア地域での投資銀行業務を強化している。

(b) ビジネスモデル

マレーシア最大手銀行であり，キム・エン・ホールディングスの買収により，リテール業務から投資銀行業務まで営むユニバーサルバンクとなっている。ただし，シンガポール3行やマレーシアのCIMBと比べ，リテール業務の比重がやや高い。地理的にはマレーシアとシンガポールが中心であるが，ASEAN地域を中心に汎アジアで業務を拡大しつつある。

(c) 業績

金融危機後，増収増益基調が継続している（図表補-19）。ビジネスライン別

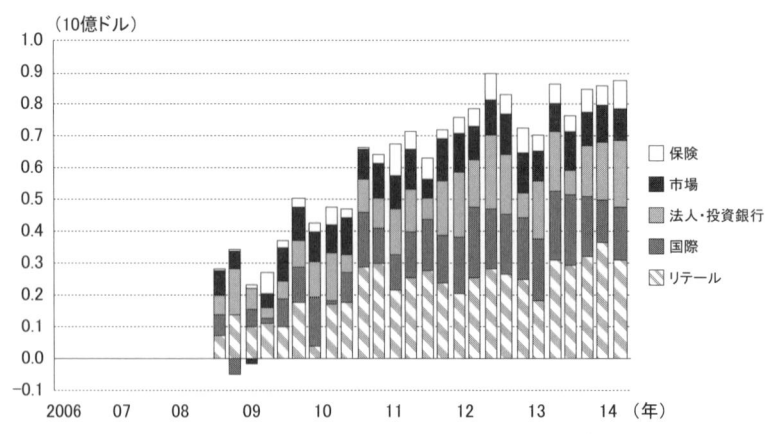

図表補-19　メイバンクのビジネスライン別利益（税引前利益）

（注）各期末の為替相場にて，米ドル換算。
（資料）決算資料より作成。

4. アジアの大手銀行　*155*

では，リテール業務が安定的に推移している一方，収益を牽引しているのは法人業務である。

(7) CIMB

(a) 歴史

86年，英古参マーチャント・バンクであったベアリング・ブラザーズや日本の三和銀行などが母体のペルタニアン・ベアリング・サンワ・マルチナショナルと，バンク・オブ・コマースが合併し，CIMBと命名された。CIMBに対しては，現在でも旧三和銀行の流れを引き継ぐ三菱UFJフィナンシャル・グループが5％出資しており，役員1人を送り込んでいる。2012年，RBSのアジア株式部門を買収するなど，アジアにおける投資銀行業務を積極的に強化している。

(b) ビジネスモデル

資産規模ではメイバンクに劣るものの，業務拡大には非常に積極的である。業務的にはリテール業務から投資銀行業務まで行うユニバーサルバンクである

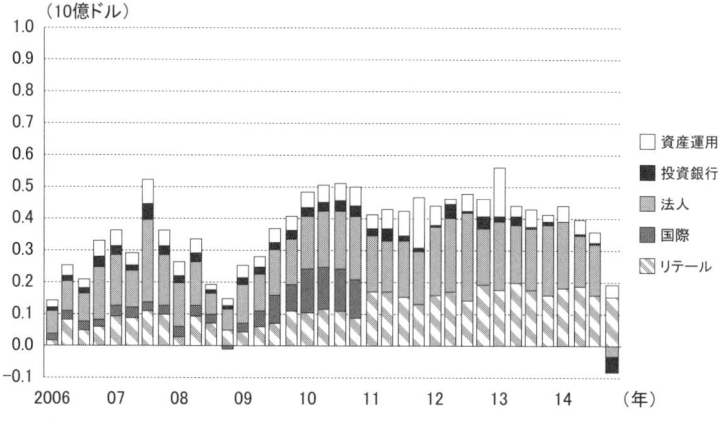

図表補-20　CIMBのビジネスライン別利益（税引前利益）

(注) 1　各期末の為替相場にて，米ドル換算。
　　 2　「国際」は，2011年第1四半期以降，「リテール」，「法人」等に統合。
(資料) 決算資料より作成。

が，2012年にはRBSよりアジアの株式業務を買収し，投資銀行業務の強化につとめている。

　(c)　業績

　業績は金融危機時に大きく落ち込んだものの，2010年まで増収増益基調が継続した（図表補-20）。ビジネスライン別では，収益を牽引しているのは法人業務であるが，リテール業務も収益が増加している（2012年より，「国際」部門を廃止したことに伴い，リテール部門に対しても以前の「国際」部門の収益の一部が振り分けられた影響もある）。

(8)　オーストラリア・ニュージーランド銀行（ANZ）
　(a)　歴史
　51年，バンク・オブ・オーストラリアとユニオンバンク・オブ・オーストラリアが合併し，旧オーストラリア・ニュージーランド銀行（ANZ）となる。70年に旧ANZとイングリッシュ・スコッティッシュ・オーストラリア・バンクが合併し，現在のANZとなった。その後，オーストラリアから太平洋諸国に業務を拡大し，90年代後半から本格的にアジア地域に進出を開始。2009～2010年にかけて，RBSのアジア拠点（ウェルスマネジメント業務等）を買収し，アジア業務を本格的に強化している。

　(b)　ビジネスモデル
　本国のオーストラリアとニュージーランドでは，リテール業務から投資銀行業務まで行うユニバーサルバンクであるが，アジア地域では，投資銀行業務が中心で，個人向けはウェルスマネジメント業務が中心である。

　(c)　業績
　金融危機以前から増収増益基調が継続している（図表補-21）。ビジネスライン別では，他のアジアの大手銀行と同様，リテール業務が安定的に推移している一方，収益を牽引しているのは法人や投資銀行業務となっている。

4. アジアの大手銀行　157

図表補-21　ANZのビジネスライン別利益（税引前利益）

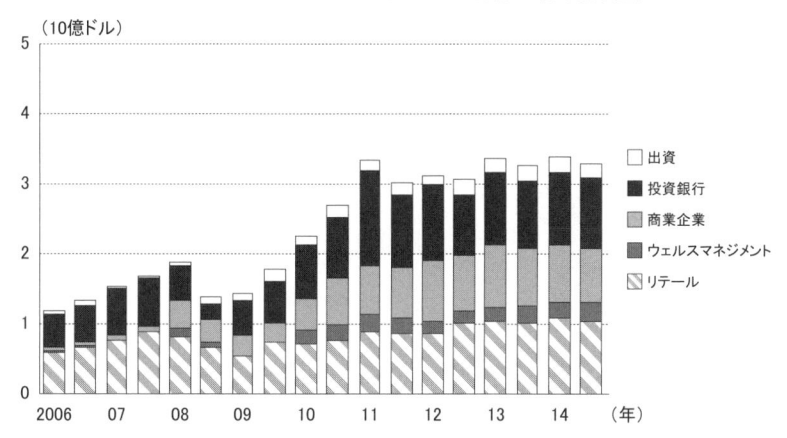

（10億ドル）

凡例：
- □ 出資
- ■ 投資銀行
- ▨ 商業企業
- ▨ ウェルスマネジメント
- ▨ リテール

（注）1　各期末の為替相場にて，米ドル換算。
（資料）決算資料より作成。

索引

【数字・アルファベット】

21世紀型オリジネート・トゥー・ディストリビュート（OTD；Originate-to-Distribute）モデル　2, 3, 46-48, 50-51, 57, 59-61, 64, 67, 72, 74, 76, 101, 114-115, 123-125
ABCP　50-51
ABS　42
CCP　79, 89, 103
CDO　20, 22, 25-27, 42, 46, 50-51, 56, 61-62, 70, 103
CDS　20, 25-26, 65
CLO（ローン担保証券）　25
CMBS　26, 91
CMS　94, 104
CP　49-50, 81, 89
FICOスコア　53
FSB　50, 122
GLB法　11, 13, 49, 134
GSE　24, 39-40, 44
MBS　20, 23-25, 39, 42, 46, 48, 54, 61
MMDA（Money Market Deposit Account）　14
MMF　14, 49-51, 61, 63, 66, 72, 122
OTCデリバティブ　75-76, 78
　──規制　75, 79, 82, 86, 89, 99
　──取引　76, 89
OTC取引　50, 61
PIIGS　65
SIV　50-51
SWF　36, 150
TR　89

【ア行】

安定調達比率（NSFR；Net Stable Funding Ratio）　79
インターバンク金利　56, 60
インターバンク市場　11, 57, 63
ヴィッカーズ報告書　76-78, 80-81
ウェルスマネジメント　140
　──業務　92, 94-95, 102, 104, 137, 141, 156

【カ行】

カウンターパーティー・リスク　61, 75-77, 80, 86
カストディ　94, 104
　──業務　121
キャッシュマネジメント・サービス（CMS；Cash Management Service）　92
銀行構造改革案　77-78, 80
金融安定化理事会（FSB；Financial Stability Board）　49
グラス・スティーガル法　6, 101-102, 136
グラム・リーチ・ブライリー（GLB；Gramm-Leach-Bliley）法　6
クレジット・デフォルト・スワップ（CDS；Credit Default Swap）　2
グローバルなシステム上重要な銀行（G-SIBs；Global Systemically Important Banks）　77
グローバル・ユニバーサルバンク　1, 2, 16, 38, 42, 44, 46, 51, 63-64, 90, 95-96, 99, 101-102, 123-125, 138, 145-146
コマーシャル・ペーパー（CP；Commercial Paper）　11
コンデュイット　49-51
コンフォーミング・ローン　24, 39

【サ行】

債務担保証券（CDO；Collateralized Debt

索引　*159*

Obligation) 2
サブプライム危機　1-3, 11, 17-18, 24, 29, 59, 63-64, 67, 71-72, 74-75, 82, 116, 123-124, 134-136, 139, 143, 147
サブプライム・ローン　2, 24-25, 27, 39, 42, 53-56, 59-61, 118, 124, 133, 148-149
自己勘定取引　27-29, 48, 60, 76, 78, 88, 99, 119
自己資本　79
　——比率　70, 78, 87, 98
　——比率規制　77-78, 81
資産担保証券（ABS；Asset Backed Securities）　40
資産負債管理（ALM；Asset Liability Management）　74
シナジー効果　92, 94, 109
シャドーバンキング　2, 44-45, 49-51, 60-61, 72, 77, 79, 82, 119-125
住宅ローン担保証券（MBS；Mortgage-backed Securities）　11
商業用不動産担保証券（CMBS；Commercial Mortgage Backed Securities）　20
証券保管・管理・決済業務（カストディ業務）　92
信用評価調整（CVA；Credit Valuation Adjustment）　77
ストラクチャード・インベストメント・ビークル（SIV；Structured Investment Vehicle）　49
スペシャリスト　98, 101-102, 104
政府支援機関（GSE；Government Sponsored Enterprises）　23
セカンダリー市場　32-33
ソブリン・ウェルス・ファンド（SWF；Sovereign Wealth Fund）　36

【タ行】

中央清算機関（CCP；Central Counter Party）　76
電子取引化　103
店頭（OTC；Over-the-Counter）取引　45
投資銀行業務　7, 9, 11, 13, 15, 27, 29, 30-31, 38, 46-47, 49, 61, 63-64, 71, 75-76, 81, 84, 90, 94-95, 99, 102-103, 107-109, 113-116, 124, 133, 137-156
ドッド・フランク法　76, 78, 80, 88

トランザクション業務　92, 94, 104, 112
取引情報蓄積機関（TR；Trade Repository）　76
ドル不足　52, 58, 61
トレーディング業務　1, 2, 27-29, 31, 33, 38, 42, 45-51, 57, 59-61, 64, 74-76, 78-79, 81, 83, 86-91, 98-104, 109, 112-114, 119-122, 135-137, 140
トレーディング資産　77, 81, 86-87, 98-99
トレード・ファイナンス　94, 148

【ハ行】

バーゼルⅡ　76, 86-87
バーゼル2.5　76-77, 86-87, 98
バーゼルⅢ　76-77, 79, 81, 84, 86-89, 92, 98, 122
バーゼル規制　70, 75
パリバ・ショック　56-58, 60
プライマリー業務　27, 29-31, 46, 64, 101
プライマリー市場　32
プライム・ブローカレッジ　121
　——業務　50
ブローカレッジ業務　27-28
プロップ（プロプライエタリ）取引　28, 88, 104
ベイルイン　80
ヘッジファンド　2, 25, 36, 49-50, 56, 58, 61, 63, 119, 121, 124, 135
貿易信用（トレード・ファイナンス）　92
ボルカー・ルール　76-78, 81, 86, 99-100, 121

【マ行】

マーケット・メイク　60
　——業務　27-29, 48, 121
マーケット・リスク　77, 86
マネー・マーケット・ファンド（MMF；Money Market Fund）　11
ミューチュアル・ファンド　36, 119

【ヤ行】

ユーロ危機　1-3, 58, 64, 67, 70-72, 74-75, 82, 116, 118, 123-124, 142-144
預貸率　98, 107, 116

【ラ行】

リージョナル・ユニバーサルバンク　98, 101-102
リスク・アセット　70, 86-87, 98
リスク・ウェイト　70, 77-78, 81, 86-87, 98
リテール業務　9-10, 13-15, 38, 47, 59, 63, 76, 78-79, 81, 91-92, 94, 99, 102, 108-109, 131, 133, 138-140, 143, 146-148, 150-156
リテール・リングフェンス　76, 78
リビング・ウィル（生前遺言）　76, 80
リーマン・ショック　55-58, 64, 66-68, 70, 75, 80, 101, 119, 131-132, 134-136, 147-148, 150
流動性カバレッジ比率（LCR；Liquidity Coverage Ratio）　79
流動性規制　76, 78-79, 81, 86, 88
レバレッジ比率　98
　——規制　76-78, 86-87
レポ市場　49
レポ取引　49-51, 70, 79, 81, 88

【著者略歴】

新形　敦（にいがた・あつし）

みずほ総合研究所㈱　経済調査部　上席主任研究員

1995年東北大学経済学部卒業，97年東北大学大学院経済学研究科修士課程修了，同年富士総合研究所（現みずほ総合研究所）入社。2000年在米日本国大使館（外務省出向），2003年みずほ総合研究所ニューヨーク事務所，2009年同金融調査部，2011年同金融ビジネス調査室等を経て，2015年4月より現職。

専門は金融機関経営分析，国際金融，日米マクロ経済。

主な著書に，『世界経済・金融危機とヨーロッパ』（共著，勁草書房，2010年），『ポスト金融危機の銀行経営』（共著，金融財政事情研究会，2014年）等。

経済学博士（中央大学）。

グローバル銀行業界の課題と展望
──欧米アジアの大手銀行とビジネスモデルの行方──

2015年9月15日　第1版第1刷発行　　　　　　　　　　　　検印省略

著　者　新　形　　　敦
発行者　前　野　　　隆
発行所　㈱文　眞　堂
東京都新宿区早稲田鶴巻町533
電　話　03(3202)8480
FAX　03(3203)2638
http://www.bunshin-do.co.jp/
〒162-0041　振替00120-2-96437

印刷・モリモト印刷　製本・イマヰ製本所
© 2015
定価はカバー裏に表示してあります
ISBN978-4-8309-4876-3　C3033